美國高中在教什麼？

30堂多元課程教學真體驗

江秀雪——著

在愛與智慧的陪伴中成長

林佩芸

華語小學堂編輯

舊金山灣區多所中文學校資深中文教師

　　久旱不雨的加州，此刻卻飄起綿綿細雨，暑氣微消秋意多。打開電腦，收到秀雪以電子郵件寄來的熱騰騰的即將出版的稿子，我興奮而迫不急待地打算利用孩子放學回家前的時光，一口氣讀完。秋涼時分，砌一壺好茶，伴著窗外隨雨滴飛舞的落葉，閱讀著秀雪的好書，乃人生一大樂事。

　　我與秀雪是筆友，從未謀面，是一種奇妙的緣分聯繫著我們。因為先生工作的關係，移居美國的我，在朋友家中書架上發現了秀雪的《牽牽小語》，翻閱數頁之後，愛不釋手，乾脆把書借回家中，盡情地閱讀。之後我就成為秀雪部落格的長期忠實讀者，家中還有秀雪所寫的每一本書。而透過網路科技，我與秀雪成為互相鼓勵與打氣的好朋友，彼此分享養兒育女的酸甜苦辣。

　　時光飛逝，一晃眼已過十年，秀雪從《牽牽小語》開始記錄牽

牽的成長，如今已要出版《美國高中在教什麼？》一書！秀雪是一位來自台灣，充滿智慧的媽媽，以母親關愛兒女的角度，寫下牽牽的求學生活，母女間互動的點滴，再加上書中出現的眾多人物，如活潑有主見的妹妹珣珣，堅毅勤奮的繼父凱，開朗熱情又用功的少數族裔好友，和對牽牽充滿信心的老師等，向讀者呈現了一段具體且真實的美國教育與生活。這一系列牽牽的成長記錄與求學生活的點滴，對初到美國時，對美國教育系統不了解而忐忑徬徨的我，是親切溫暖的指引與一股安定的力量。秀雪不是虎媽，有的是對孩子百分之百的支持與鼓勵，更以母親特有的細膩感情、做事認真仔細的態度、與溫柔的性格去影響孩子，再以正確的觀念來引導他們。秀雪的性格與教養觀念，與我類似契合，我們都希望協助孩子找到自己的天賦，鼓勵他們發揮潛能，也同時享受珍貴的青春年華，並學習以所能貢獻社會。

美國教育雖非萬靈丹，但仍有許多令人欣賞之處。我的兩個女兒在美國公立中小學的教育系統下，有著相當均衡且快樂的成長。每回讀牽牽的故事，覺得牽牽的個性與興趣和我的大女兒娜娜非常近似。所以我特別喜歡閱讀書中有關牽牽選擇社團與社團活動那一部分。回想自己的中學生活，被無止盡的紙筆考試淹沒，縱然有喜愛的活動，也被師長要求暫停。然而，這些社團活動卻是在高中沈重課業壓力下，找到另一個生活重點，發現自我性向與幫助成長獨立，甚至矯治性格上缺點的好地方。

牽牽喜愛透過社團，參與各類比賽，不論是體育類或是學術類比賽，她都能樂在其中，我的大女兒娜娜也是如此。做母親的我們鼓勵孩子們比賽，不是為了爭強鬥勝，而是透過每一次的比賽，在成就感的驅動下，孩子們對學習產生崇高的熱情，而每次認真努力過後贏得的榮耀，對孩子是很大的鼓勵。即使比賽結果不如人意，也是一個很好的勝不驕，敗不餒，懂得真心欣賞他人成就的一個極佳訓練。如果是團隊的比賽，更能學習到如何團隊合作與策略運用，而無形中建立起的的堅定團隊友誼，是日後孩子們面對挑戰所不可或缺的養分。

　　此外，高中時期的暑期夏令營與校外實習是初步累積工作經驗及探索未來職業發展的好方法。秀雪引導孩子的積極態度，提醒了以往只知道鞭策孩子準備大學聯考的父母，要以不同的思考方向來協助孩子。而秀雪記錄許多牽牽生活上的趣事，還有慶祝畢業以及畢業舞會等的小故事，常令我會心一笑！我也有著吾家有女初長成的喜悅。牽牽懂事貼心，又能兼顧課業與社交生活，的確是青春期孩子尋求成長，探索人生的好榜樣。

　　雖然秀雪以說故事的方法，娓娓道來記錄牽牽的高中教育，但書中卻提供了豐富且全面有關高中教育與申請大學的介紹，例如該如何選課，選社團，有哪些有趣的比賽可以參與，該如何培養實力準備大學考試，有哪些獎學金申請的管道，以及該如何計劃參與暑期夏令營與校外實習等，對於在美國的華裔家庭或有志到美國留學

的學子，是非常實用的資訊，而對於在台灣的讀者，這也是非常具參考價值，協助中學時期的孩子準備未來的全面性的介紹。

雖然牽牽出乎意料地沒有進入她原本期望進入的大學，但前往就讀的奧克拉荷馬大學是一等的好大學，並提供牽牽五年免學費及各種獎學金，這是非常不容易得到的榮譽。從牽牽寫的最美的信，我相信無論未來牽牽面對如何的挑戰，她都能一一克服，我們更可以知道，所謂的成功不需要靠別人來定義，而是走出屬於自己的一條路，迎向更開闊的藍天。

最後，秀雪還貼心地放上教養便利貼，分享她的心得，像大姊姊一般地提醒我們年輕一點的媽媽。秀雪不喜歡自己說得頭頭是道，也不自封為親職教育專家，可是對我們這些把大部分青春都奉獻給了孩子的父母，秀雪的教養便利貼的確是一個提綱挈領的好提醒！

教養不是看了通篇大道理後按表操課，而是運用愛與智慧來陪伴引導我們的孩子。而當父母的最大喜悅，莫過於陪著孩子再成長一遍。天涼好個秋，不論你在何種機緣下看到這本書，我誠摯地推薦這本書，並邀你一起細細品嚐書中每一份愛的味道…………

推薦序2／
親子共享共學的高中生活

紀舜傑
淡江大學未來學研究所與美洲研究所副教授

　　說到教育，每個人都很有話說，街談巷議，儼然都是教育專家。因為教育的重要性大概跟陽光、空氣、水一樣，一輩子都離不開。教育是過去與現在的傳承，更是對未來的期待。透過教育，我們學習先人智慧面對眼前問題，同時學會想像、計畫、與創造未來。因此我們可以說，教育是所有問題的最初原因與最終藥方，於是大家習慣凡事怪教育，也凡事寄託於教育。

　　教育其實是個三角椅，除了學校教育之外，家庭教育和社會教育的重要性等量齊觀。當我們指責別人教育失敗時，箭頭都是指向學校教育。然而，以時間長短來看，學校教育的時間最短，但卻承擔最大責任。事實上，家庭教育和社會教育可能是學校教育的破壞者。例如，學校教導學生遵守交通規則，但是家長開車闖紅燈、插隊，還說開車就是應該如此。學校強調品德第一，不可偷、搶或是抄襲別人的智慧財產，但是社會上公眾人物公然說謊，硬坳地顛倒

是非。市場充斥各種作假、黑心商品，傳播一種千錯萬錯都是別人的錯的處世規則，當社會大眾將這些謬誤都怪罪給學校教育時，其實是完全忽略這些負面的社會教育的嚴重破壞性。

我們常說教育是百年大計，原因在於教育文化是大環境的建構，教育制度是形成教育文化的工具，制度和觀念建構是互為因果，大環境牽引民眾的觀念。而觀念的根深蒂固，可能是數百年的文化累積，因此改變教育的根本價值觀是項龐大複雜的社會工程，是漫長的過程，制度的建立必須經過耐心的溝通和縝密謹慎的設計，然而所有人都急功近利地要求立竿見影的改革成效，忽略那些需要被改變的陋習都是長時間的實踐結果，也忽視教育的潛移默化特性，求快可能只會獲得眼前的速成結果，而非內化與生活化的提升。

一個國家的教育品質，最終還是反映在國民日常生活的素質，守法，有秩序，和公德心的自然流露，都是整體教育成效的展現。學校教育、家庭教育、和社會教育缺一不可。所以，只看大學在全球排名的統計，是表面與偏頗的標準。學術表現可以量化，國民素質不見得能以數字呈現，就像治安是否良好，以數字評量，不如人民感受準確。解決教育問題，提升國民素質，得三管齊下才能治標又治本。

本書作者江秀雪女士，本身是特殊教育者，又是兩個孩子的媽，同時肩負學校教育與家庭教育的重任，現在出版本書更是延伸至社會教育的層面。完全符合上述教育三個環節必須面面俱到的標

準。身為一個母親，她不像前幾年在美國引起熱議的虎媽（tiger mom），以斯巴達式的嚴厲手法「鍛鍊」小孩。她也不是過度關愛的直昇機媽媽（helicopter mom）。她更不是放牛吃草的放任式母親。對於女兒的學校生活，她那有點黏，又不會太黏的態度與作法，看似容易，事實上是每個父母的最大挑戰。

讀書求取高學歷，不是人生成功的保證，當然也不是唯一的道路。但是在強調多元智能的同時，孩子必須開發出其他智能，不能讓「讀書不是一切」變成他們逃避用功於學業的藉口。面對不愛讀書的孩子，我們得分辨清楚，是真的不適合唸書，還是根本就偷懶、無法專注定性地學習。不愛讀書的小孩，如果其實是不愛做任何費心費力的事，那放任他們不重視功課，將來也就很難期待他們會吃苦耐勞地作自己想做的事。本書的主角牽牽與珣珣沒有帶給母親太多這方面的難題，兩個女兒努力向學，兼顧學業與課外活動的參與，當然這也得歸功於秀雪的苦心引導與支持。

本書不是呆板的制度介紹，不是美國大學入學指南，而是透過活生生、有趣的實例分享，讓我們深入瞭解美國高中教育的全貌，包含教室與運動場、校內與校外的生活學習。像是孩子的成長記錄，同時是美國社會的故事書。有個別家庭的喜怒哀樂，也有大環境的來龍去脈，是小說也是武林密笈。

這個世界沒有適合所有國家的，完美的教育制度，因為每個國家的文化、歷史、地理、環境、經濟、資源、與政治都不相同。可

以相互借鏡的是彼此不同的教育理念與原則，盲目地想拷貝移植別人的教育制度，可能落得畫虎不成反類犬的窘境。所以，本書也讓我們理解到，美國先天地大物博、地廣人稀的優勢，就不是台灣這種地狹人稠的高生存壓力所能比擬的。然而美國的教育制度也不是毫無問題，只是它給學生自由發揮的空間彈性較大，它鼓勵學生要I believe I can fly！相信The sky is the limit！所以容易啟發有所思考的學生，也讓想努力向上的人有適當的資源與環境追求理想。

很榮幸有機會跟讀者推薦本書，閱讀是項特權，因為我們可以在很短的時間內，吸收作者無數時光、無盡思考所產出的經驗與智慧。這本書適合親子共讀，就讓秀雪帶領大家重溫或預習高中生活吧！

更多時間來思考及生活

馮智聰
任職於外商檢驗公司

作者和我是國中同班同學，闊別多年，透過社群網站在網路上重逢，方知同學不僅是身臨其境的學生家長，也是教育專業，她將美國各級學校教學內容，透過親身經歷及深入了解，以一本接一本的專書介紹給讀者，這本《美國高中在教什麼？》真可用「鉅細靡遺」、「篇篇精采」來形容。

讀著《美國高中在教什麼？》一書時，腦中不時想著自己高中時學了什麼。我們八點多上課，四點多放學，早上六、七點出門，晚上六、七點回到家裏。三年所學科目包括國文（含中國文化基本教材）、英文、數學，歷史、地理、三民主義，生物、化學、物理、地球科學，音樂、美術、工藝、體育，還記得某次工藝課的作業是三、四人分成一組，共同組裝一具電子計時裝置，也記得是受高一國文老師的影響而接觸西洋文學作品，更難忘參加了音樂性社團，利用每週兩天課後一、兩個小時自願留校，由畢業及在校學長

指導，開始認識、聆聽、演奏，進而喜歡古典音樂，在「升學至上」、「一試定終生」的那個年代，這應該算是蠻「正常化」的教學內容，然而在畢業紀念冊上仍不免留下「高一，全能；高二，萬能；高三，無能」的字句，感慨為了大學聯考，能用在課業之外的時間愈來愈少。

相較之下，美國高中課程彈性許多，內容生活化、實用許多，在我看來，是考量孩子們成年在即，針對即將面臨的課題設計教學內容及各類活動，用鼓勵的方式讓孩子們多方嘗試，書中「多元化的課程」、「各式各樣的社團」、「實用有深度的暑期規劃」、以及「財務獨立觀念的訓練」等單元，在在呈現這樣的特性，讓孩子們有機會認識自己及所處的社會，體會學習的重要性，激起用心投入的熱情，讀者可透過作者一家的彼此互動而有較清楚的概念。升學方面，作者詳述了「多樣化的大學入學考」及「美國大學申請流程」，即使沒要申請，也可作為參考。

一九九六年秋，在德國一處語言學校學習初級德語，那時已在台灣完成大學、研究所碩士班學業、服完義務役、工作兩年，重新再當學生，還是外籍學生，每天只有早上四小時課程，下午以後自由活動，重溫只有小學才有的「半天課」。空出的下午時間，我會到市內晃晃，或到學校圖書館自我加強，有時參加學校活動，或只是閱讀每天送來的中文報紙，總之，這樣的半天課程足以讓我們充份學習、練習，更有時間思考及生活。

有較多時間來思考及生活，似乎是台灣教育較欠缺的，課業及升學佔用多少學子過多的時間，教學內容又能激起學生多少熱情？能在異鄉有此體會，影響所及是自己對孩子的教育方式，不會以內人與自己過去的「豐功偉業」來要求他們課業上的表現，而是以較開放、包容的態度，提供他們探索與嘗試的機會，看了美國高中的「他山之石」，感到茅塞頓開，感謝同學給我這麼好的「見面禮」。

自序

　　寫完這本書的時候，牽牽已經大二了。一年回家兩次，自己搭機轉機六小時，再搭半小時計程車去宿舍；白天上課，晚上當化學系助教，回宿舍後還得跟室友輪流下廚……然而，忙碌中居然和朋友學會打電動、上健身房、搭熱氣球……

　　那個鞋帶老是鬆脫，總要妹妹幫忙重綁，回家一定煩我「晚餐吃什麼？」的女兒，怎麼一晃眼，已經跟我一樣成為離鄉的孩子了？「晚餐吃什麼？」變成我每天text女兒的問題，「今天好嗎？」「上課如何？」「有什麼開心的事？」「什麼時候可以回家？」……我發現，我正重複著母親跟我的對答。

　　台灣媽媽在美國會比較辛苦嗎？我想，是多了層未知和徬徨。

　　《美國高中在教什麼？》是延續《牽牽小語1》、《牽牽小語2》、《美國學校是這樣教孩子的》以及《美國中學的資優生教育》之後，總結美國十二年義務教育的實況記錄，是異鄉的移民父母和孩子，面對學習時的摸索點滴。

　　掩卷，我想起自己的高中生活：公車、便當、白日夢和落霞道；沒有可以暑修的大學課程，也沒有能賺外快的實習機會，不能

開車，不能投票，壓根就不算是美國的成年。

　　成年？是的，這正是美國高中教育的目標。

人物介紹

牽牽／姊姊，Joanne喬安

　　全美資優生獎學金得獎人，全郡繪本獎及新詩獎得主，晉級州內地理競賽、數學達人、全國拼字比賽、全校學術競賽及自然杯隊長、馬里蘭州議會見習生，以及NIH癌症中心實習生

珣珣／妹妹，Jade潔蒂

　　全郡小說獎得主，晉級州內數學達人以及歷史報告競賽、獲得全國拼字比賽，以及全球DI競賽晉級

凱／女孩們的洋人繼父

　　姊妹暱稱為Scott叔叔，全家人的英文百科

目次

Part 1

多元化的課程

美國小學只有五年，國中三年，所以高中變成四年，採學分制：18個必修學分，選修6學分，總共24個學分，再考過高中學測，做完75小時的社區活動服務，才能畢業。課程分繼續升學和技職教育兩種，每所高中除了必修課程之外，還有偏向不同專業的課，學生可以自由去別的高中，甚至社區大學選課。

1.先搞懂複雜的高中選課

　　大抵上，小孩在美國上學，家長都不需要太緊張，學校總會發一堆單子解釋大小事，而且重要的活動還會一再發通知，甚至打電話、傳電郵、簽名存檔，務必做到傳達無誤為止。但是這次，即使學校發了一大本說明、特別開課跟學生講解細節，女兒回家還是苦臉相向。

　　「我搞不懂怎麼回事？到底要選哪一種啊？」

　　我接過手冊，努力看完每一頁，也搞不懂！怎麼會這樣呢？

　　禍首是選課，女兒要上高中了，也就是台灣的九年級，但是因為美國小學只有五年，所以九年級就算高一，整個美國的高中學制是四年，而且是義務性教育，所有學生必須在國中八年級畢業前，選組選課。

　　那麼，選課有那麼難嗎？不就選文理組之類嗎？當然不是。如果就在幾組之內做選擇，學校也不必在中學畢業前，特地把所有中學生找去上課，然後要家長在未來課表上簽名以示負責。那厚厚一本選課說明，以及高中畢業的學分要求，看得我頭疼！第一次跟校方輔導室聯絡，為的竟是高中選課！

學校外觀，學生在外面插牌賣冰

居然是學分制

　　我寫了一大篇電郵詢問疑惑，得到似懂非懂的答覆，拼湊之下的結論是這樣的：高中生必須先選擇上繼續升學組，或是技職教育組；修完18個必修學分，包括：英、數各四學分；社會、自然各三學分；才藝、科技、體育、生活技能各一學分；然後自由選修課六學分，總共24個學分，全部都得至少拿C，也就是我們的七十分！

再考過高中學測，做完75小時的社區活動服務，才能畢業。

　　那麼，那厚厚一本說明在說什麼呢？那是為了生涯規劃所做的選課建議，無論以後選擇上大學或技職，都有很細的分類課程，有些課得在不同高中上，比如技職高中，學校會有統一校車在課間接送往返，也可以家長自行接送比較省時，但是排課就要小心了，因為課間休息不到五分鐘！而且最好把需要到外校上的課集中一起，免得整天浪費在通車上。

走廊上貼有全校各年級「學術之星」的照片

要不要繼續升學？

繼續升學組：課程大致就是按大學科系分類，除了上述必要要求之外，選修的學分裡面，必須包括一種外語，並修滿兩個學分。大體來說，一個學分是每學年每天上課四十五分鐘，一年最多選八學分，四年高中下來，最多可以拿到三十二個學分。

技職教育組：比較複雜，包括七種類別。

1：工程，包括木工、空調、水管工程；

2：農技，包括一般農技、園藝、天然資源以及應用生技；

3：商學，包括行政服務、財務會計和商業管理；

4：家政，包括幼教和食品管理；

5：貿易；生涯規劃；

6：製圖；

7：其他，直接到技職高中完成以下任何一項專業：生醫、汽車修護、木工、電玩製作、網路及電腦維修、美容、犯罪司法、烹調、數位傳輸、幼教、電機、園藝造景、火警消防、繪圖印刷、醫療、土木建築以及視覺設計。無論選的是哪一項細類，都必須修滿分類中規定的四學分。

去社區大學選課

到了十年級，還有更多學術性的專業學分班可供選課，開課的學校不一，甚至包括社區大學以及跟學校有合作的公司，學生能拿大學學分或是有實習的薪水可領。這些專業學分班，包括：財政、電腦語言資料管理、數理工程、生物醫學、醫療、土木建築、教育、環境農業以及火警消防。

資優生另有特殊的課程選擇，比如：包括美術、舞蹈、音樂或戲劇的才藝學校、大學先修課AP（Advanced Placement）、以及在拙作「美國中學的資優生教育」一書中，介紹過的國際學校文憑IB（International Baccalaureate Diploma）。

需要特別輔導的學生，則有加強班、視訊遠距教學、暑修班和夜校。

原先讓我有點搞不懂的是：同樣是醫療，可以選繼續升學組，也能選技職教育組，而且學術性的專業學分班，開的組別也有很類似的生物醫學和醫療兩種。原來，被分到技職教育的醫療課程偏向護理，繼續升學組的才是所謂醫科；而專業學分班裡的生物醫學則偏向實驗室的技術人員訓練，如果以後大學想念醫學院，還是得選繼續升學組內醫療組的課程。

其實呢，九年級生的選擇性不多，因為得先把必修課修完，所

以，即使女兒已經在中學時，修完兩學分的數學和一學分的西班牙文，她還是有15學分的必修課和六個選修課學分得上，九年級的課表是英文、代數二、生物、社會、基礎科技、體育和西班牙二，唯一可以讓她真正有選修權的是才藝，她選樂隊，算起來共有八學分。

高中跟國中一樣八點半上課，三點半放學，每天五堂課，每堂課45分鐘，午餐半小時，課間有五分鐘跑教室。沒蓋你，真的得用跑的！兩棟大樓各有兩層樓，家長參觀日那天，要不是女兒帶著我，光看走廊的指標，我絕對會迷路，找不到教室！

學期制和學年制

另一個跟國中不同的地方是：國中時，上下學期都有英文和數學，也就是說，英數每天各上45分鐘。但是到了高中，每學年能選的全年課程有限，有的課在一學期內就得上完，每天上一個半小時，然而有些課只開學年制，比方樂隊和西班牙文。女兒今年因為選了樂隊和西班牙文，只剩下一門課可以選學年制，選課以後自己又不能排課，結果學校把自然排成學年制，英數兩科變成學期制：上學期上數學，下學期上英文。英文每天上一個半小時也許還好，但是數學，是需要時間理解的，每天上一個半小時，一學期內上完整學年的課，對許多學生來說是很大的挑戰！這是以後選課得小心的地方。

總之，九年級要擔心的選課問題，其實還不嚴重，十年級也還好，因為必修課還有八學分，一學年選滿課正好是八學分，也許有幾門課會擋修，比方英文，但是很多高中生最後只修滿畢業規定學分，並沒選專門的組別，申請大學時只需選校不用選系，選系可以等大二大三再說。

　　只是，我總覺得，生涯規畫越早越好，早一點開始發掘興趣，可以早一點涉略該方面的知識，萬一中途發現不喜歡，還來得及換。否則漫無目標，似乎沒有努力的動力，家長老師也無從幫起。

　　美國的高中，顯然提供了非常完整的科系選擇，比台灣除了美術音樂的才藝班之外，所有其他高中生只能選類組的情況深入許多。如果在美國念書的孩子能善用資源，早點選定志向，高中四年內，在該領域學到的課程，絕對比台灣更專業！也許，這正是為什麼美國大學的競爭力可以超前的原因吧。

教養便利貼

　　八年級的孩子才十三歲，不管多聰明，做事還是會落三落四。所以，表面上雖然要孩子獨立，父母最好還是多跟學校聯絡，仔細看學校發的選課說明，每個州、每個學校都會開不同課，跟孩子好好討論以後喜歡走哪一行，排好四年高中想選的課，不但能讓孩子開始計劃未來，也能開始注意喜歡的行業是否有出路，而不會盲目混過高中畢業喔！

　　同樣的，台灣的孩子也得考慮選組問題，聽聽孩子的性向。通常孩子總會選成績好的學科，考不好的學科早早就放棄了，但卻忽略了學科裡沒有的職業。例如，數學不好但也能從商啊，文科不好也能選法律，不會畫圖不見得學不好電腦繪圖或室內設計……社會上許多真正存在的行業，其實並不在傳統的英數理化裡喔！

2.學做木工和電子組件

    基礎科技（Foundations of Technology）是美國高中的必修課，開學時的家長座談上，看到長相非常斯文、嗓音不大、有些內向的老師，女兒偷偷抱怨老師聲音小到讓人昏昏欲睡，碰上這樣的老師教必修課，豈不平白扼殺了學生對科技的興趣嗎？

    還好美國學校雖然沒有帶回家的課本，卻有在校專用的書和給老師的課程大綱，就像在完整的政府體系之下，即使沒有全能的總統，還是可能有一流的運作一樣，這堂一學分的課，有很豐富的三大作業：骨牌連鎖效應（Rube Goldberg Project）、二氧化碳賽車（CO2 Cars Racing），以及決策機－焊接電子組件（Soldering Project）。

作業一：骨牌連鎖效應

    此名稱來自美國漫畫家Reuben Lucius Goldberg，以繪製利用複雜程序及工具完成簡單動作的漫畫聞名。這門基礎科技的課程需求是：運用槓桿（lever）、斜面（inclined plane）、轉輪（wheel and axle）、螺絲或漏斗（screw or funnel）、滑車（pulley）和

推進物（wedge），來完成一項工程。

　　這是兩人一組的作業，必需在家完成。我因為開車不行，又不怎麼會認路，央求牽牽的同學來我們家做功課，還好同學的父母都需上班，很樂意把女兒丟來我家。兩個女生討論後的構想是，利用彈珠通過各種障礙，打上相機快門拍照，老師要求盡量尋找家裡的廢棄資源，不要花錢買工具。

　　搜刮一番後，可用之材包括：擦手紙捲筒（槓桿）、檔案夾（斜面）、紙作轉輪和釣魚線、紙做漏斗、玩具車（滑車）、小企鵝塑膠板（推進物）、玩具小水桶、許多彈珠和一個數位相機。

　　第一次放學回家的兩個小時，實驗完全失敗，小汽車常飛跳出去，得在檔案夾上貼跑道阻攔；漏斗對不準相機，乾脆做一個大漏斗黏著快門；彈珠打上數位相機的力道不夠，無法拍攝……怎麼辦呢？在旁邊看得很心急的媽媽，建議改成簡單一點的目標，比方水桶裝的是水，拉上轉輪打翻水桶，剛好去澆漏斗下的花，完全沒有力道不夠的問題。

　　「已經有好多人要做澆花的任務了，這太普通單調啦！」女兒和同學都不贊成。

　　「那改成彈珠打上汽車，再打上捕鼠夾，讓捕鼠夾跳開好了！」

　　「媽媽，那不是任務啊，捕鼠夾是抓老鼠的，不是拿來玩的！」

　　「要不，小水桶裝早餐的喜瑞兒，倒進漏斗下的牛奶碗……」

　　「這也已經有人要做了，簡單的都被訂走了……」

隔週有個放假日，女兒和同學繼續補強工程，最後判定問題出在數位相機，得去買比較敏感的立可拍，孤注一擲！結果居然成功了！小孩的執著和抓錯的能力看來已經超越我這個大人了，三個女生包括幫忙的妹妹，當場樂的抱成一團！作業必須要有錄影存證，我是錄影師，總算沒出差錯，有錄到相機打閃光的鏡頭！

作業二：二氧化碳賽車比賽

CO2 Cars Racing是個完全在學校完成的作業，用一塊八吋長的木頭、四個輪子和兩個輪軸做成一輛車，一輛可以放進一管直徑半吋的二氧化碳筒的賽車，來參加班級競賽，跑最快的四輛車可以參加校外比賽。

老師有指導嗎？不算有，只交代大家用常識判斷：跑得快的車應該最輕便，怎樣把車做得輕便請自行研究。不過呢，木工教室內有各種工具：用電鋸切割木頭、砂紙磨滑木頭表面、電鑽鑽洞裝車輪軸、放二氧化碳筒、木膠黏木頭組件，還有亮光漆和各色油漆裝飾車體。

我知道這項作業的時候已經結束了，牽牽很令人訝異地得了全班第三名！會這樣說是因為我這女兒很會念書，但是手腳卻超不靈光，鞋帶常繫不緊，需要妹妹代勞，摔了幾次跤後，我終於放棄，乾脆買沒有鞋帶的球鞋給她；學校要是需要做海報，同組組員都知道絕不能要她負責剪紙或美工，因為她永遠剪不直，耐不住性子畫

圖著色，總是塗得很潦草……偷偷來講個女兒爆過的笑料。

有次全家去吃到飽中餐館，通常餐館會把餛飩和湯分開，有餛飩那鍋，裡面只是熱水，旁邊那鍋才是好喝的湯，所以放在餛飩鍋裡的勺子是有洞的，用意是只讓大家舀餛飩，再用旁邊那鍋湯裡的普通湯勺加湯……喔，講得好像很複雜，其實很明顯啦！沒人不知道怎麼弄，可是我那超級聰明的寶貝女兒卻搞很久，終於端回一碗餛飩湯，問大家：

「你們是怎麼舀湯的啊？那湯匙有洞，怎麼舀都舀不到湯啊！」

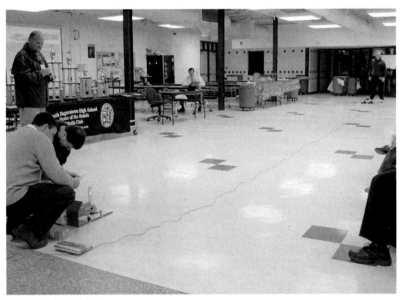

二氧化碳賽車比賽

「什麼洞？妳在說什麼……」突然，我會意過來：「喔，妳搞錯了啦！」

然後全家爆笑！這個笑料每次去中餐館就會被拿出來取笑一番，那這次怎麼可能做出一輛車呢？原來，她雖然技術沒有好到做出一體成形的賽車，但至少也是只需黏一次的兩段車：前段寬一些放前輪，後段更寬大放二氧化碳筒和後輪，重心在後正好不會翻車，中間再以細長造型銜接。

「哇，妳中間那條木頭還有弧度耶，剛好不會阻擋風速！而且

準備起跑的木製車

還有兩道凹槽做裝飾喔！」

「欸，媽媽，我那是切木頭時不小心弄彎的……那個凹槽也是個意外，差點把木頭切斷……」哈，天啊！我前面不是在亂損自己的小孩吧？

總之，女兒運氣好到拿到全班第三名，可以代表學校參加對外比賽，1.367秒！全家很榮幸地被邀參觀來自全郡十一所高中，共有超過五十輛賽車的比賽。每所學校派的賽車數不一，女兒學校就派出每班前四名，總共十二輛車；有的學校卻只派全校前三名。鼓勵重於得獎，我還滿高興女兒學校的老師給多一點參賽機會。

比賽現場有許多獎杯，後面大獎杯是給前七名的學校，哈，能得獎的學校超過半數，這就是美國教育！不過呢，小獎杯只有六座，給的是前六名的學生，難度高很多；遠遠那邊紅桌子上，有給觀眾吃的披薩和可樂，辦活動總要有吃的才會有人參加啊！

一次比兩輛車，每台車裝上二氧化碳筒以後，連上可以測速的感應線。

按鈕可以同時啟動兩輛車，車子最後必須衝進遠處的欄位才能測速，如果中途停下或翻車，會再給兩次機會。牽牽抽籤抽到一號，最早開賽也最早輪陣，不幸輸給做工更細小的二號，但是速度比在學校比賽時快，1.164秒，來觀賽的人其實不多，牽牽學校只有她來，大家都自覺勝出的機率不大。

或許女兒的運氣真是好，後面號碼的車子跑得並不快，翻車、

停滯……事故頻傳，有輛車很大，用兩個二氧化碳筒試了三次終於達到終點，但速度太慢了，大小真是重要的決定因子啊。最後女兒居然拿到全郡第五名喔，他們班的第一名拿到全郡冠軍，0.987秒，可是當初贏過女兒的全班第二名卻沒進前六強！如此細微差距的比賽，似乎每次都有不一樣的速度，主辦單位也知道這點，讓前兩名再比一次，還好時速雖然不同，但名次不變。

　　比賽結束後，女兒拿到有輛小金車的獎杯，真是不敢令人置信的快樂啊！

所有參賽的車都裝上二氧化碳筒

作業三：決策機，焊接電子組件

　　繼前面兩個大作業－連鎖效應和二氧化碳賽車之後，焊接（Soldering Project）又是一項很讓我擔心女兒不能過關的作業，不過咧，還好也是完全在學校完工，讓我得以免去煩惱，因為學校有充分的焊接組件和設備，預計用電路板完成一台"決策機"（Coin/Decision Maker）。顧名思義，機器的用途是讓人有取決

電子組裝決策機

不了的問題時，得到僅供參考的答案，比方：我該不該跟這個男生出去啊？或是，明天要穿裙子還是短褲？其實，機器也只是隨機給答案，就像丟銅板是頭是尾一樣，完全沒有科學根據。

正面有許多小孔，所有電子零件必須按照老師的指示插入特定小孔：最上面是開關、黑線接負極、紅線接正極、電池在中間、最下面是按鈕、旁邊是一些看不懂的彩色零件。

背面可以看到像是電路的線，問題來了，學生的任務是，得用焊接槍把探出頭的每條小鐵絲末端燒在電路板上，有些鐵絲很接近，燒太久會和旁邊的鐵絲相熔，讓電路相接就失敗了，所以手不能抖也不能停太久，才會完美無缺，讓正面的開關打開時，紅綠燈能正常亮起。

很讓人驚訝喔，牽牽居然是全班能完成任務的兩名學生之一！其他同學做的都熔成一團！只是，才打完分數，電線就被頑皮的男同學拉扯斷了，無法在家示範，真是可惜！

這堂基礎科技感覺是讓高一學生在以後選組時，可以多了解一些自身興趣的課。喜歡木工嗎？還是機器人？或是遙控車？還是電子電機呢？每所高中都有基本的機械電子設備，如果以後決定選工科，或不繼續升學，選修課就能排到另外一所專門的技職高中，會有建教合作、半工半讀的機會。

基礎科學，是發掘興趣的入門課。

教養便利貼

　　雖然這門必修課不一定要一年級就修，但是因為偏技職教育，所以最好先修，如果孩子因此對電機、木工等技術性的職業感興趣，二年級就能轉校去技職高中上課，如此三年下來學會一項技能，不想念大學想直接找工作都不成問題。在學期間學校也能幫忙安排建教合作，開始實際的工作經驗。

　　如果台灣的高中能開技職課，對坐不住、不喜歡理論課、想轉念高職的孩子，應該很有吸引力吧；又如果，學校能宣導孩子，高職畢業去考專業執照、然後創業，以此提升個人的自信，比大學文憑更實用喔！

3.小心，音樂課比數學課還重喔！

　　才藝課是只有一學分的必選課，可以選擇的課別包括樂隊、管弦樂、吉他、美術、聲樂、舞台表演……等等，女兒選的是樂隊。

　　記得在台灣上小學時，每間教室都有一台風琴嗎？導師是全才，每科都教，連音樂、體育這些副科都不例外，音樂課總是在老師的風琴伴奏下唱歌度過，學校是有合唱團，但是由老師選團員的，學生不能自由參加。台灣國中和高中的音樂課也不過就教教樂理、練合唱或軍歌比賽，老師不會教樂器吹奏，能彈樂器的同學，全是課後額外付費的私人教學。

學校免費教吹奏樂器

　　美國就不太一樣喔，學校幾乎可以說，對音樂課的教學比其他各科都重視。不僅小三開始教直笛，小四還開始組樂團。選擇參加樂團的學生，不用上一般只有音樂欣賞的音樂課，上的是完全免費的樂器教學。除了不教鋼琴以外，其他各種管弦樂和打擊樂器都教，小學全校只有一位音樂老師負責所有的管樂和普通音樂教學，

老師雖然只會其中一兩樣樂器，但是居然能教所有樂器，很讓人佩服；另有一位弦樂老師更忙，得負責全鎮所有小學的弦樂教學。

　　樂團因此也分成管樂和弦樂組，學校只提供大型的打擊樂器，其他的管弦樂器得由家長自行跟樂器行租或是購買。我什麼樂器都不會，最直接的考量因素就是樂器的價格，長笛在所有的樂器裡算是最便宜的，牌子不差的中古長笛，大約三四百美金；再者，體積跟其他樂器比起來小很多，非常適合個頭不大的女兒，所以要求兩個女兒都學長笛。

音樂會演奏

小四小五每星期練習一次，中學以後每天都有音樂課。女兒說，有的同學得扛很大一台裝在硬盒裡的薩克斯風上校車，總被同學虧裡面藏的是一具屍身！

暑假得上樂隊暑修班

　　到此為止，家長除了每年應邀欣賞小孩的音樂會之外，幾乎不用多花時間金錢，參與其他額外的活動，因此當女兒說，高中想繼

社區節慶的樂隊遊行

續參加樂隊時，我自然欣然同意。沒想到暑假才剛開始，就接到高中音樂老師的電話。

「抱歉，期末忘了給喬安暑假到校的樂隊練習時間表和樂譜，是這樣的，每週一晚上和開學前兩週，每天全天練習，請她務必要到。」

「可是她前半個暑假不會在我這在……」因為我離婚，所以小孩暑假有一半時間住車程離學校一小時的前夫家。

「那，可以來幫她拿樂譜，在家練習嗎？」

既然可以在家練，為什麼還得去學校呢？因為高中樂隊必須在橄欖球賽中場時做「變換隊形」（marching band）的表演，得練習邊吹奏邊走隊形，橄欖球季九月開始，而學校八月底才開學，等於是一開學就要表演，因此，樂隊學生暑假就得開始練習。

各種課外表演和練習

還好女兒的學校只規定在學校的主場賽（Home Game）才需要表演，去外校的客場（Away Game）不必，所以，需要課後參加表演的次數大約五次；但是，外加三次遊行、三次音樂會、一次所有高中樂隊的聯合表演（showcase），最後幾乎排滿整個上學期的周末活動。

這樣還不打緊，每次的活動都要捐款、租樂隊服要租金、看球

賽看表演要門票、還有許多募款義賣，為什麼需要這麼多開銷呢？因為每次的校外活動都得租校車，統一載所有學生和樂器去表演，如此較容易控制時間；高中畢業前還會有去迪斯奈的畢業旅行，盈餘款項作為補助想去但無法負擔的學生。

前幾星期是第一次的主場賽，我從沒看過現場橄欖球，對規則也是一知半解，重點都在幫女兒拍照和錄影。看到頭很小的女兒，即使戴了最小號的帽子，卻還是在走隊形時往後歪！幸虧顎下有帶子繫住，才沒掉下去！

吸引目光的高中啦啦隊也在場內待鎮，只要一得分，啦啦隊長就帶領隊員站上各自的台階唱跳一番，個個裙子超短，臉上畫濃妝貼亮片，真是一群等不及長大的小大人啊！

女兒學校的橄欖球隊表現不差，以27比0大贏客隊，小吃攤馬上放送熱狗買一送一，所有樂隊隊員起立，按傳統把帽簷轉到腦後

橄欖球賽前的樂旗隊表演

演奏！不愛球賽的我們與不愛運動的女兒們，竟然因為參加樂隊和球賽沾上邊，算是一場意外的收穫。

每周兩次小考

除了表演以外，音樂老師的要求也算各科中最嚴格的。每天有音樂課、每星期有兩次小考，老師建議上makemusic.com訂一套smartmusic的軟體，年費美金36元，每週得考軟體內的兩個測驗，可以重複考到分數滿意為止，電腦會自動計分，並且送到老師的信箱，把整個學習音樂的資料永遠保存，以後如果申請大學想要有才藝證明，音樂老師可以輕易把資料調出來。

當然，為了不想花錢或是買不起軟體的學生，學校也有免費軟體，學生可以在午餐時間或課後找老師考，我傾向此方案，讓女兒在學校考完，回家可以少一樣功課操心。

除此之外，音樂老師也希望學生買各別樂器的調音器（tuner），吹奏的時候會檢測音準，以免吹半天都是錯的。價錢還好，一個二十美金，不知道為何中小學的老師從來沒建議購買？女兒之前學了五年長笛，居然用調音器檢查時，還是錯誤百出！

也有教吉他喔！

因為高中樂隊有如此密集的課外活動和課程要求，許多女兒從前的樂隊同學都沒選這門課，也有人改學只有音樂會表演的弦樂器。九年級是最後一年可以開始學新樂器的年級，十年級才想學新樂器就不准啦！不過，有另外一項新樂器開始在高中教了。

「學校有開吉他課喔，明年我想改選吉他！」

「真的喔？可是吉他也很貴耶！」我說。

「媽媽妳別擔心，我問過老師了，學校有吉他借給我們練！」

羨慕嗎？美國小孩真是幸福啊！想學什麼都有可能！甚至可以修鋼琴學分喔，只不過得自己去校外找老師付費學，一般私人家教的鋼琴老師都具備開這種高中課程的教師資格，女兒們的老師也不例外。如果想選高中鋼琴，得跟鋼琴老師拿表格，給學校簽名，鋼琴老師負責對每星期四十五分鐘的鋼琴課打成績，期末有統一的標準考試考理論和演奏，為了避嫌，考官不能是自己的鋼琴老師。

由於女兒今年已經選了有許多課外活動的樂隊，衡量結果，可能會缺很多堂鋼琴課，所以，今年雖然還是在周末有空時學鋼琴，但不修鋼琴學分，省去一些考試壓力。

看到這裡，是否覺得美國高中的才藝課一點也不含糊啊！

教養便利貼

　　免費的樂器教學機會難得，怎麼樣都要讓孩子選一種樂器來學，即使以後不念音樂系，也能當業餘嗜好，而且已經有研究證實，學樂器有助日後數理頭腦的開發喔！

　　台灣的高中如果有音樂社團就盡量參加吧，不然，還有許多網路教學也能自學吉他或是口琴、聽聽古典樂，培養對音樂的感覺。

4.運動很差怎麼辦？

體育健教是高中的必修課，除了像我們國中的健康教育和高中女生護理課之外，還希望同學參加課後球類社團。

「老師說想申請到好大學，最好有參加過課後球類社團，不能只會念書考試。他說啊，像我們這些不愛運動的瘦小女生，可以參加一種unified sports（融合運動），和上特殊課的學生一起配對參加比賽。」

「什麼球類都有嗎？」

「每年都不同，今年是網球，學校會提供所有器材，還包括服裝喔！我們什麼都不用準備，只要每星期去練習兩次，外加一次比賽，但一學期就結束了，下學期再換別的項目。」

聽起來很棒！加上去年女兒上完高中規定的一學分體育課後，就非常慶幸以後不用再跟體育碰面，如果能因這融合運動多少動一下，也算是很健康的抉擇。不過，參加前得填一大堆表格，還得去做健康檢查，不只是簡單量身高體重，必需驗視力、聽力、抽血、驗尿，看膽固醇值，還看有沒有嗑藥或打類固醇……這些制式規定真麻煩啊，又沒事先通知得空腹，跑了兩趟才做完。

然後是，打網球很危險哪，有可能被球打到！女兒還戴隱形眼鏡耶！

　　「別擔心啦，我會小心的。」

　　我知道對高中生來說，外表比課業重要太多了！他們寧可受傷也不要戴很矬很厚的眼鏡，那麼，我這很討厭運動又沒運動細胞的女兒，網球打得還好嗎？

　　「我都打不到球，即使打到也打不過網。我猜大家都覺得我很笨，很討厭跟我同組吧？」

專給運動不行學生的課外球類比賽

「妳不是說跟大家配對的是特殊學生嗎？」

「對啊，我也以為是那樣，可是每個人看起來都很正常啊！而且都打得比我好！其他同學可能以為我才是特殊學生吧？」

「妳今天打中幾球？」

「只打到一次，自己都不知道怎麼打到的？」

「那妳還想繼續參加嗎？」

「我希望申請到好大學，只好繼續參加啦，運動一下也好，媽媽，我第一次從球場爬坡回來喘死了！要停下來好幾次，現在比較好了，而且有時候打到球很高興。」

幾天後，女兒回家又說：「我知道誰是特殊學生了！總共有三個人：一個是ADHD（過動）、一個Autism（自閉），另一個聽說有特別的IEP（Individualized Education Program，個別教學課程），但是他們看起來都很正常，老師說，比賽時因為我們學校只有三名特殊學生，所以只能有另外三名普通學生配對參加，我沒被選上，比賽時可去可不去。」

沒被選上不意外，我在一次接女兒回家時，練習尚未結束，看到牽牽怎麼用力球都發不過，對方打來的球也接不到。不過，其他孩子也不怎麼樣，幾乎沒人能打到球，得分都是靠發球過網來的，整場比賽很沒看頭。

第一次郡賽，女兒因為學校有重要考試無法參加；還好融合運動是鼓勵性質，所有球隊自動晉級隔週的州賽。

「我不想去，」牽牽說：「在旁邊沒事做，好像笨蛋！」

「都練習那麼久了，去看看吧，當作去別的學校遠足玩玩也好，不一樣的經驗也許很好玩喔，搞不好有同學生病、遲到或是不小心受傷，會需要妳上場。」

小女生看看我，撇撇嘴，嘆口氣：「好吧。」

女兒會這樣興趣缺缺，我其實很能體會，因為我自己就是個體育很差、不喜歡運動、還很怕上體育課的小孩，每次上體育課就是我最丟臉的時刻。跳竿、跳箱、跳遠永遠跳不過；籃球投不進、手球打到手腕烏青也打不過網；唯一還行的是跑步和仰臥起坐。女兒願意逼自己參加課後球類社團已經讓我很訝異了，不過，當媽的就是喜歡再推一下，還好牽牽還真聽話去了。

參加比賽得曠課一整天，校車載全郡所有球隊去參加比賽，結束後再全車去餐廳外食才回校，我在傍晚接到滿臉笑容的女兒，脖子上還戴了個獎牌！

「哇，妳們學校贏了啊？」

「對啊，第三名，大家都拿到一個獎牌，連我沒下場也有一個耶，我們贏兩場輸一場。」

「總共幾個學校啊？」讓人不敢置信！

「我也不知道，比賽分很多區，我們區有六隊，每個區選三名。」

「很不錯嘛，打敗三隊！」

「對啊，其實看比賽很有趣，幫同學加油好緊張啊！媽媽謝謝妳逼我去，明年我還想參加。」看來，興趣雖然重要，沒興趣的話，參加比賽和榮譽感也能引發參與動力。

教養便利貼

美國和台灣一樣，都希望孩子五育兼備，不要只會念書；但對於真的沒運動細胞的孩子，採用的是鼓勵性質、自由參加的課外社團，盡量讓孩子和家長不用擔心運動比賽需要的制服、器材和接送，而且得獎容易，把特殊學生和不善運動的學生集合起來一起練習，實在是個值得借鏡的好方法。

牽牽球隊得到全區第三名

5.做滿75小時義工才能畢業

　　生活技能是另一門必修課，教些什麼呢？除了準備SAT升學考試的規畫之外，會帶學生參觀附近的大學和技職高中，另外就是如何理財。老師會教大家怎麼開支票、買舊車須知、申請信用卡的重要性、如何做個聰明的消費者？此外，生活細節像是怎樣打領帶？看地圖？也巨細靡遺都提到了；至於如何維持好社交、溝通能力、不霸凌、不嗑藥、節制抽菸飲酒、養成良好飲食習慣……當然也交代了，就是把高中生當小孩，重新耳提面命一番。

　　義工服務是老師強調的另一個重點，每個高中生畢業都需要做75個小時的社區服務。美國人的觀念是：大學就如同一個小社區，要收的學生不只是功課好、運動佳，如果沒有回饋社會的觀念，也不算好公民。因此，每所高中都要求學生必需做義工，學生平時便非常注意校內外的義工機會，比如在圖書館把書歸位，在學校佈置各種表演場地，幫老師處理雜事，去養老院彈鋼琴慰問老人，或是去社區大學幫忙大學博覽會：可以穿印著「大學博覽會招待」的T恤搬桌椅，也能坐下來吃免費晚餐，還能增加參觀人潮，詢問冷清大學，算是收穫滿滿的義工經驗。

想讀醫科的孩子，申請大學時最好有在醫院當義工的經驗，我們郡的的醫院只收十四歲以上的義工學生，而且希望至少做滿五十小時，不是偶爾的玩票性質，因為醫院是個不容許出錯的地方，足夠的義工時數才能有優秀的服務品質。年齡輕的義工必須先從紀念品區做起，學當收銀員；然後再升級成能到病房送花的招待義工；再來才是能真正幫忙的行政工作，或是護理醫療的助理義工；時間可以是週間放學後，或是週末，甚至暑假。

　　可惜，醫院義工的競爭很多，女兒沒辦法登記到，我於是在網上搜尋到另一個專門幫忙配對義工的網站，把居住地和興趣填好、email信箱確認無誤後，就能收到義工申請表，不滿十八歲必須列印下來給父母簽名，然後寄出；如果父母也想參加，直接在網上填表就能送出。

　　女兒們登記了一個觀察自然的義工IceWatch，必須到附近河川觀察記錄氣象變化；另外還有一個在學校或社區招募志同道合朋友，一起整理環境或回收資源的發起運動，記錄整理工作成果後，寫成報告或製作一段影片，投遞至義工網站參加競賽。

　　義工經驗不僅能培養服務社區的觀念，也能體驗各項專業的實際操作，雖然沒支薪，但卻是無價的學習過程，也可能成為日後受益無窮的人生技能。

教養便利貼

　　美國每個州對學生義工的要求都不同，馬里蘭州規定孩子六年級開始就必須做滿義工時數才能從國中和高中畢業。有些單位為了獎勵孩子，還會頒獎狀給義工時數超過兩百小時的學生，如此熱心公益的表現，可以放進個人履歷，對申請大學算是很棒的加分。

　　其實不管住哪裡，不管學校有沒有要求，孩子從小就應該養成助人的習慣：捐舊衣、玩具、或是跟著父母去慈善機構幫忙、去養老院拜訪老人，行善的同理心和回饋社會的觀念是孩子日後為人處事的最大資本。

蒐尋有趣義工的網站http://www.volunteermatch.org/

6.可以跳級的外語課

　　也許因為英語獨大的關係，美國並不急著教孩子外語，除非是私立學校，否則公立學校都得等到七年級才開始有外語課，而我們這個郡因為移民大多是西班牙裔，所以只有西語課。如果七年級的外語成績不錯，老師會推薦八年級繼續選修，中學修完兩年可抵一年高中西文學分，所以高一時可以直接上高二的西文二。

　　我是個斤斤計較學分的媽，當然極力鼓吹女兒學西班牙文囉，當牽牽高二能上西文三時，外子有意見了：

　　「去年暑假我已經教完妳所有文法了，妳們學校到現在還在上現在式，簡直浪費生命，去跳級吧！」

　　「我不知道可不可以耶，沒有同學跳級啊。」

　　「怎麼會不行？以前我就自己跟老師說要跳級，剛開始學校不准，後來每次上課，老師要我們造句，我就寫時態複雜的作文，老師不得已讓我考試後跳上西文四。妳下星期的任務就是跟老師談，記住，完全用西班牙文跟老師說妳要跳級！」

　　那是高一期末，開始選高二課程時。很意外地，高一老師居然答應了！「妳的程度應該沒問題，至於可以跳一級上西文四或跳兩

級上AP（Advanced Placement，相當於大學學分課）西文，就得看高三老師的意見了。」註冊輔導老師於是建議先選西文四。

高二開學時，學校有個AP博覽會，招攬有興趣、GPA（總成績平均）高的學生選課。一方面，AP課雖然學費免費，但每門AP考試費88美金，學校補助一半後，家長仍須付44美元；另一方面，如果考試總分五分卻考低於三分，就算只有高中學分，沒拿到大學學分。所以，不見得所有高中學生都會希望接受此挑戰，授課老師得準備點心開博覽會，以期拉滿五名學生，才能順利開課。

博覽會上，每位AP老師都自製海報、準備許多課程講義、甚至免費參考書，老師們幾乎認識所有來參觀的學生，主動要學生逛他們的攤位。

「嗨，喬安！今年西文四和AP西文的學生一起上課喔，全班目前只有五個人報名，妳雖然註冊西文四，但可以考慮考AP，別緊張，上課我會給模擬考。」

「如果沒考過，明年可以不選課再考一次嗎？」

「可以，不過學生這麼少，大家可以依程度有不同進度，做independent study（自修）。」

這五名學生中，一名是墨西哥裔，程度當然沒話說，可能還比老美老師好；另外三名則是按部就班進級的學長姐，程度應該也比牽牽好。上文法課時還好，牽牽記性不錯，考試幾乎滿分，問題在會話。

「我的發音最爛，考試要錄音兩分鐘，回答一個問題。」

「那發音很重要囉？」

「發音不好沒關係，老師說只要敢講、會講就好，她給我們聽拿到五分的樣本，感覺要不停的說。」

雖然三分表示過關，但要讓好一點的大學承認AP學分，至少要四分，有的大學還要求滿分五分才能抵大學學分。基本上，老師上課會列出進度，解釋完文法、練習完例句後，就是自由上網練習題庫的時間，第一次模擬考，牽牽只拿到三分。

「天啊，我是全班最低分！其他人都好厲害喔！」

「多練習吧，多跟叔叔練習啊！」

於是，每天晚餐時間就是西文會話時間，能說西文的外子還找到一些卡通電台和一齣兩百多集連續劇 "Cuentame como paso"（Tell Me How it Happened），從2001年演了十幾年到現在還在演，敘述西班牙市井小民從1968年起的生活演變，所有演員都跟著戲劇長大變老，時代背景和歷史大事件一一出現在劇情中，每年推進一年劇情年度，目前進度在1983年，算是不錯的構想，也是相當好的語言文化教材。我們原本全家都跟著看，外子得不時停下影片翻譯，兩百多集耶，一集一小時，每天看也要近一年才看得完！又不是教學影帶，對話速度就是一般人的講話速度，當然很快，從中聽出單字的比例太低太低了！所以，最後只剩下凱是忠實觀眾。

一般的AP考試是在自己學校的課堂上考，但外語AP因為要考

聽與說，家長得在指定時間開車送去地方教育局，大概考三小時，考完載回學校繼續上課。考場內有來自郡內各校所有選修AP西文的學生，考試採紙筆形式，有單選題、寫作和會話，寫作部分得先看幾段資料，然後有大約一小時寫一篇作文，今年的題目是：「你認為電腦繪圖是藝術嗎？」

「好難喔！妳怎麼寫？」

「因為有資料可以看，我邊看邊寫摘要，然後加上自己的意見，寫成一篇文章。」

「資料都是西班牙文嗎？」

「當然啦！」喔，對啊，我很白癡！

「妳好屬害喔！」

「沒有啦，反正也沒時間緊張，只能盡量趕快寫，越長越好。」

會話分兩部分：第一部分是聽對話寫答案，手提音響放出五至六個問題，沒有耳機，做題者得根據要求回答或提問，每題限時二十秒；第二部分是，看一段資料後，再聽一段敘述，一分鐘讓你擬稿，然後對著各自的卡式錄音機錄下兩分鐘的看法，今年的題目是「水的重要性」。

「我的錄音機有問題，沒辦法錄音，老師換第二個給我，結果第二個卡住錄音帶，老師好不容易拿出錄音帶，卻把錄音帶弄破了！所有人都在等我！不過，大概是因為我已經重複錄了好幾次，最後終於錄好時，錄得還不錯，都沒有停頓。」

「希望妳有四分。」

「對啊，好緊張喔！」

後來發現，AP其實跟SAT是同一個考試機構主辦，因此有全國性的公信力，才能獲得所有大學承認學分，每年五月考完後，成績在七月寄出，牽牽居然拿到滿分五分！

「怎麼可能？好高興喔！」連她自己都吃驚！

據AP主辦單位統計，每年有十萬學生參加AP西班牙文考試，拿到五分的比例約百分之25，其中，非西班牙裔者不到一半，只佔全部應考人數的百分之11.8，所以說，牽牽的西班牙文程度，其實是全美高中考生的前百分之十二囉！

總之，別小看自己，也許是自己標準太高，或是我家老公水準太高，這其實只算大一的西文課，普通過得去就好吧？高中時千萬盡量去考AP，考過算賺到；考不過的話，就多試幾次，怎樣都比付大學學費便宜。

「媽媽，輔導老師今天說，考五分可以退報名費喔！」哇，拿回美金四十四元！真是用功學生才有的獎勵啊！

教養便利貼

　　跟SAT一樣，AP考試前可以免費填四所大學寄成績過去，牽牽學校的輔導老師太混，居然跟學生說不用急著填，以後再說，可是等收到成績或是要申請大學才要求寄AP或SAT成績的話，每所學校要付十五元美金耶！女兒已經考了兩科AP、兩門SAT學科考，如果申請四所大學，光寄這些成績就要花不少錢！因此，別以為孩子才十年級，還有兩年才上大學，不用急著考慮申請哪間學校，大錯特錯！美國孩子幾乎至少申請五家大學，趕快注意學校資訊，開始決定吧！選個四所讓孩子記下學校代碼，考試時帶著，每填一個就省十五大洋耶！

　　台灣學生可以考慮考多益，如果成績不錯，大學甄選時不但能增加錄取機會，還能抵大一英文的學分喔！

AP西班牙文考試官網http://apcentral.collegeboard.com/apc/members/courses/teachers_corner/50015.html
西班牙連續劇http://www.imdb.com/title/tt0302447/

7.想從政嗎？先去州議會當
見習生！

「今天總共八個人被推薦申請Student Page，我是其中之一。」

「Student what？」

參加郡代表政見發表會

「Page。」

「那是什麼？」

「就是去州議會當招待之類的，可是要寫一篇文章，說為什麼想去？我不知道要寫什麼，要申請嗎？」

「有機會當然不要放棄，試試看啊！」

「好討厭寫文章，而且我也不想去。」

「這樣就太辜負推薦妳的老師了，更何況要申請大學，最好有領袖性格方面的經驗，這是很好的訓練機會啊。」

「申請大學要寫的文章已經很多了，實在不想再多寫。而且我也沒主動想去，寫那種我很榮幸被推薦、非常希望被錄取的話⋯⋯根本是說謊！」

我嘆口氣，這樣的論調來自青少年的孩子，其實一點都不讓人驚訝，我該慶幸的是，我這十七歲的女兒，現在才開始表現出來。

「媽媽還是覺得放棄這難得的機會很可惜，如果我是妳，絕對會努力去試，能不能被選上還不知道呢！」

我管太多了嗎？但是要我這家庭主婦不管，幾乎就等於全職變半職，像失業了一樣！前陣子看一份研究說：敏感又容易操心的父母有助孩子的智力發展，並且會因參與孩子的活動而自覺比較快樂。哈，那我就繼續插手吧！

馬里蘭立法事務部（General Assembly of Maryland, the Department of Legislative Services, DLS）的網路上非常詳細的介

紹了這個給高中的議會見習生方案，這個方案自1970年開始，每年正取105位高中應屆畢業生，36位備取，在州議會參眾兩院開會期間實習兩週，錄取程序完全由地方教育局自訂，各郡以學生入學人數為準，按比例決定選出幾位見習生參加。我們這個郡有三位正取名額，一位備取，九月開放申請，十月底揭曉錄取名單。如果郡內每所高中推薦八人，總共會有160人申請，只錄取三人，很難。

申請學生必須滿十六歲，有社會安全碼，成績不能太差，喜歡歷史和政府學，自信、有禮、可信任，儀表端莊，個性必須活潑外向，樂於社交。

前面那幾項當然是文章內自己必須以實例提出的個人特質，最後一項呢？大概是讓女兒卻步的原因吧，但是反正沒面試，誰知道妳內向還是外向呢？尤其是到了一個新環境，沒有知道妳背景的人，要不要有個全新的自己，給人不同的印象，就完全操之在己了。

「可是要寫什麼讓人覺得我對立法有興趣呢？」

「先想想妳曾經有過、一切跟政治有關的經驗。」

「高二修政府學時，我參加過郡代表候選人的政見發表會，只有這樣了。」

「嗯，再想想，妳八年級參加全國拼字比賽不是收到一封選區議員寄來道賀的信嗎？當初我們還覺得那個燙金的信封好酷喔，記不記得？」

「好像吧，那有什麼關聯？」

「可以說，妳很驚訝州議員會親筆寫信給中學生啊，可見他們不是高高在上，而是很親民的人，給妳印象深刻。」

「喔。」

「還有，記得叔叔說過他念法學院時，曾經在參議員的辦公室打過工嗎？他桌上還放著那個參議員的胸針，他還說，議會間有個祕密通道，幫議員送信時他都能走……」

「我要去的是馬里蘭州議會，不是美國國會啊！」

「差不多啦，就是有趣、別人沒有的經驗啊！他後來還買了參議員的舊車，舊車上的牌照因為有參議員標誌，所以停車都免費，很威風啊，記不記得？」

「可是那又不是我！」

天啊！這是我女兒嗎？我的寫作天分……哈，瞎掰天分……如果有的話，到底是遺傳到哪去了？「妳可以拿來當引子，說妳如何如何羨慕那些可貴經驗，很想也有啊！」

「老師說至少要寫五段，怎麼掰得了這麼多……」

「先寫看看吧，越多越好，要分幾段都行，要刪減也容易。」

一副臭臉的女兒拖拉了好幾個星期，直到期限將近，終於給了我一份草稿……各位家長，絕對不要小看自己喔，雖然我們的英文沒有這些土生土長的孩子好，但我們的觀點和看法絕對比較深入，要評論孩子的文章不會是難事，我幫女兒去蕪存菁，讓凱確認實事後送出。

女兒果然被錄取了！而且是正取！班上另一名男同學也是正取，一名女同學備取，最後一名正取女生來自他校，女兒學校居然包辦了整個郡的多數名額！

　　「很不容易啊！」凱說，「通常這種機會是給父母有深厚政治背景的孩子去的。」

　　真的嗎？那位男同學的父親是法官兼共和黨分區代表；備取女同學父母都是醫生，嗯，我不想多做臆測，只要是人為票選，當選和落選間總會引起爭議，只能說，女兒的運氣真不是普通得好吧？不然呢，就是她的文章寫得很動人！

　　「要曠課兩星期，我不想去，有個學姐說她去了，結果期末成績被拉下來。」

　　「牽牽，」我看著這很被動的女兒：「妳能被選上，就表示教育局對妳有信心，這也是為什麼申請資格上說成績不能太差，妳知道對課業妳一定沒問題的，對不對？大不了帶課本去啊，妳去年不就自修化學考SAT，還考得很好嗎？」

　　「可是跑雜務、送信，感覺很無聊。」

　　「主要是學習待人接物，學習正式場合如何應對，正好讓妳練習壯膽。」

　　很多時候，孩子會因為害怕新環境和新挑戰，或只是懶得多做課外的事而退縮，在父母還能影響的範圍內，還是盡量推孩子一把吧！

「很好奇喔，阿提亞沒申請嗎？」阿提亞是個父母從巴基斯坦來的女孩，對政治很感興趣。

「她申請的是美國國會的見習生。」

喔，原來還能申請美國國會見習生喔！而且看樣子這小妞已經不會把學校所有事都跟你報備啦！絕對不想參加的活動根本完全不提，讓父母連想插手的機會都沒有！

這個實習生計畫，每天會給學生五十五美元，如果像我們開車超過兩小時的距離，需要安排寄宿家庭，每天的住宿費扣二十五美元，剩下三十元是餐費。兩個星期的實習會分成兩個時段：一月第二個星期開始的八週中，選出一星期當第一個時段；四月初之前五週中，指定另一週當第二個時段。

實習生的工作是於所指派的委員會內，幫忙確定要審的法條是否更新？傳送議員們的信件、接聽電話、以及協助到州議會的參觀者。牽牽兩週的工作都被分配在眾議院（House of Delegates）幫忙，和另外兩名學生住一家議會旁的民宿旅館，下班後就和其他學生逛街，遊覽馬里蘭首府，有點像提早來的大學生活，實習結束還和州長拍了張合照。

「媽媽，謝謝妳逼我申請，又逼我參加，真的很好玩耶！」

教養便利貼

亞裔孩子天生就不比西方孩子外向，從政從法的比例也低，雖說我壓根沒想要鼓勵女兒從政，但整個申請程序、甚至實習過程，一定能讓孩子大開眼界，受益也許非馬上得見，然而即使只是日後一點茶餘飯後的回憶，也夠值得了。所以說，當父母的絕對不要怕逼孩子嘗試新事物，許多機會錯過就沒有了，即使試過失敗也值得。

馬里蘭州議會見習生官網http://dls.state.md.us/Content.aspx?page=65

獲選州議會見習生和州長合影
（照片擷自州政府官網）

Part 2

各式各樣的社團

學校鼓勵老師、家長或學生成立社團，讓學生三點半下課後，可以在學校多留一兩個小時。這些社團多半和全國性大型比賽銜接，舉凡球類運動，或是各項學術競賽，只要有人願意領隊，學校一定配合贊助。社團也可以在學校或網路舉辦義賣，以籌資比賽旅費。從比賽中激勵學生主動參與，是有別於傳統上課考試的另一種學習方式。

8.培養領袖風格的社團

　　牽牽因為同學邀約，參加了許多課後社團，這位同學的父母來自巴基斯坦，雖然活潑，卻由於美國近年排斥中東族裔，尤其對還堅持包頭巾很反感，所以頗受排擠，除了跟周遭同族裔學生來往以外，就只能交少數族裔的朋友，大女兒算是她最要好的朋友。

　　女兒學校的少數族裔學生，也許因為危機意識，也許因為家長特別關心，課業都很優秀。巴基斯坦女同學的哥哥，是今年全郡唯一得到「全美資優生獎學金」（National Merit Scholarship）的學生，每年都參加「高中學術社團競賽」（Academic teams tournament），是團隊裡的當然隊長（captain），隊長妹妹因此也跟進，牽牽就這樣被拉進去了。

　　我滿慶幸女兒從上學以來，就交到不少個性活潑外向的好朋友，總是能在參加課外活動時推她一把，尤其越到青少年，友誼的地位在孩子心目中逐漸加重，同儕間的正面影響越發重要，有沒有好友一起選同樣的課？加入同一個社團？才是孩子在意的事。

　　牽牽跟著好友參加了學生會選舉，好友競選會長，牽牽競選財務，雖然兩人最後都沒當選，但必須張貼海報、拉選票、準備競選

台詞上台演說……這些若是父母或師長要求都很難達成的任務，居然都因同學鼓吹而達到了！

除此以外，牽牽還參加了辨論社，也讓我頗為吃驚，後來才知道這辨論社主要在訓練各議題的正反面思考，不在臨場的交鋒應戰，所以沒讓不敢在台前講話的女兒當場退縮，訓練了女兒對時事議題的認知，以及對不同看法的探討，這項技能不僅能讓孩子關心時事，也能聽到不同看法，對以後考SAT需要寫短文很有幫助。

另一個社團是學術社（Academic Team），跟辨論社一樣，每星期在課後練習一個半小時，包括英數、史地、理化、生物、政治、時事……等等全方位的問答，每題除了數學十秒外，限時五秒搶答，每所學校可以有多名選手報名，但每場比賽只能有三名出賽，而且答題時只能由坐中間的隊長回答，其他隊員雖然可以按鈕，但必須耳傳隊長，沒有麥克風答題。

比賽在每年四月左右，全郡有八所學校參加，牽牽學校總共有十一名隊員，通常課外活動來者不拒，主辦老師會希望報名越踴躍越好，重點在最後誰能代表學校出賽？一般來說，老師會讓高年級生露臉，他們參賽經驗夠，懂得也多。不過，今年老師說，因為牽牽英文和史地都不錯，可能至少讓她出賽一次，為什麼說至少呢？

原來，全部賽程有三大回合，第一回合算初賽，八所高中分成兩組各比出兩所優勝學校晉級決賽，再由這四所學校比總冠軍。牽牽學校在初賽時是第二組，必須在第一組比賽時迴避，因為兩組初

賽題目完全相同：先由各校用白板回答十題相同問題，之後再搶答兩組各35個問題，學校可以在換問答形式時替換隊員。

牽牽沒在初賽十個沒搶答問題時出場，也沒在第一組35題比賽時出現，但因為這兩組問題都沒涵蓋到史地，帶隊老師於是要牽牽在第二組35題時出賽，賭史地問題，把一位至今沒答題的隊員換下，這個寶果然壓對了！最後十題居然是牽牽很在行的世界首都，讓他們學校擠進決賽。

決賽只有兩回合各35題，這次老師沒換人，讓牽牽繼續和兩位高年級隊員出場。隊長就是牽牽好友的哥哥，他的數學很棒，一聽到問題就先按鈕，自信可以在十秒內算出答案，這種對策有好有壞，好處是得先機，壞處呢，當然就是答錯會被倒扣！去年學校也進入決賽，可是最後卻因太多倒扣，沒拿到冠軍；另一名高年級隊員的強項在文學，只要出現文學名句，都能說出作者和書名。

題目總類難易繁多，比如：憲法第幾條第幾次修定，明定總統的繼承順序？二次大戰時，因為美國的限糖政策，讓美國人多吃三倍的什麼？誰是寫「華盛頓郵報」專欄 "This and That and a Little of the Other" 的作者？2, 6, 14, 30……下一個數字應該是什麼？一百個繳所得稅的人當中，最富有的前十人收入是所有人的一半，繳的稅佔全部的75%；其他90人的平均稅率佔他們收入的15%，請問這富有十人的平均稅率是多少？黑洞可以用哪三個測量參數來歸類？用何種SI長度單位來測量綠光，會有550的波長？一

個碳原子和氧原子以及一個OH，組合成什麼？抱歉，這些理化問題如果翻譯錯誤，是因為我完全不懂！

也有影視娛樂題喔：1960年，Arthur Miller寫了哪部劇本？1998年和2000年，得世界棒球錦標賽冠軍的紐約洋基隊，打敗哪兩隊？什麼餅乾以為自己是水果？

這些題目幾乎都難不倒隊長，整個比賽似乎是各校隊長的戰場，四校搶答皆靠隊長的實力，以及隊長對隊員擅常的認知，常看到隊長即使不知道答案也會搶著按鈕，再轉頭詢問隊員。

如此一來，因為正式答題者不是女兒，整個比賽對我來說，反而因此比較不緊張。不過，牽牽雖然沒隊長厲害，但是也答對不少喔，比如：哪種建築有flying buttresses扶壁的特色？有輕重音節的詩句語法叫什麼？哪種疾病會讓皮膚變黃？誰是Anthem這本書的作者？和蘇聯相鄰，橫跨歐亞兩大陸的國家是哪一國？

雖然這是郡內比賽，但得到全郡冠軍後，卻因為不屬於大華府地區而無法參加全國比賽，真是鄉下學校的悲哀啊！而且贊助的單位除了教育當局、社區大學和教師學會以外，只有一家地方性小銀行，也沒有地方媒體轉播和報導，不如球隊比賽吸引人潮與資助。

即使牽牽學校拿到冠軍，除了全校領到一個獎杯之外，隊員們完全沒有其他獎勵，帶隊老師說，去年冠軍有五百美金，今年應該也有吧，只是，不論獎金多少，都會留給高年級生作為上大學的獎學金，希望高一高二生持續參加，畢業時才有機會分獎金……

郡內學術競賽

　　老師的立意深遠，算是同學間互相激勵，培養團隊集體努力的意識之外，鼓勵學生持續參與艱深學術社團的另一種方法，獲勝的榮譽感就是最佳的鼓勵。也許對常人來說，缺少實質鼓勵似乎無法讓孩子努力；但是金錢嘉獎過度也是造成孩子功利主義的禍源，少了金錢勸誘就無法激勵孩子！不可不慎。

　　這個類似益智搶答的競賽，讓我們全家開始對Trivia產生興趣，那是在美國餐廳，能一邊和朋友看球賽、一邊喝啤酒的娛樂節目。搶答題目通常為了多元化，不限體育，也會加入電視、電影、

流行或古典音樂、甚至政經、歷史、地理等知識問答。隊員從一人到多人都能組隊，每星期比賽一次，獲勝獎金是能在店內消費的二十五美元禮卷，很適合全家上餐館增加趣味性，或是和朋友一同組隊比賽的社交活動，寓教於樂最好的方式。

教養便利貼

因為美國高中的上課時數比台灣少很多，每天三點半就下課了，因此，課外社團活動等於是反映孩子性向的最佳依據；大學錄取學生最常問的問題便是，參加了什麼社團？參加多久？

而同學對孩子的影響力，已經開始比父母深了；所以，對孩子的同學，父母也該多認識。選什麼課啦？有哥哥姐姐上大學了嗎？要不要一起參加社團或是夏令營呢？尤其現在臉書盛行，孩子交的是不是益友，家長多少都能知道。畢竟不到二十歲的都還是小孩，父母雞婆一點，孩子反而會覺得比較受重視、受關心喔。

9.州內科學杯競賽

　　週六早上，五點半起床，梳洗完畢，喊醒家人，六點半出門，老公只喝了兩杯咖啡，邊開車邊吃我塞給他的火腿和餅乾，兩個女兒則在後座繼續睡得東倒西歪……趕什麼呢？National Science Bowl，大女兒的「科學杯競賽」。她們學校因為去年贏得全郡學術競賽（Academic Team Competition）冠軍，今年第一次被邀代表全郡參加州內科學杯競賽。

　　組員有五名，從參加學術社團的成員選出。這是課後社團，當然都是自願參加，據說不到十人，嗯……注意到了嗎？美國學生是自由參加各種學術競賽的喔！不用老師逼迫，用功都是出於自願！對於這些怪咖學生，老美叫他們nerds，每週得留校一小時練習包括英數、理化、生物、史地、體育、娛樂、時事等問題，有點像電視上的益智搶答節目Jeopardy。

　　學術競賽通常在每年四月舉行，但是科學杯競賽則在一月，於是帶隊老師臨時決定在一月前完全練習跟科學杯有關的問題，再從練習過程中選出五名優秀者參賽，分別是三名十二年級生及兩名十年級生，牽牽十年級，是組員中最年輕的。

我很訝異她被選上，因為去年在學術競賽中，她的強項是史地，並非自然科學。

「也許我當候補吧，老師說只能有四人出賽。」女兒也不看好自己。

比賽地點離我家有一小時車程，我上網印校區地圖，看到前三年優勝都是同一所明星高中，該高中去年還贏得全國第二名！今年馬里蘭州共有20所學校參加，每所學校最多可派三隊，總共33隊。可報名的標準未知，因為除了兩個大郡有13所學校、22隊參賽之外，其他郡都只有一所學校出線。馬里蘭州共24個郡市，這次只有9郡上榜，有的郡得開兩小時車，五點半就得出發了！城鄉師資已經明顯有極大落差，參加比賽還得比明星學校辛苦，真是很不公平啊！

贊助單位除了能源局和州教育局之外，只有一家瓦斯公司，獎金有一千美金，給優勝學校；參賽者每人拿到一件T恤，中午有免費披薩和可樂，如此而已！獎勵如此低微，靠的真是個人的學習動力和榮譽心。

33隊分成六組，各在三間教室巡迴比賽五場。宣讀題目者是瓦斯公司義工，旁邊坐一位科學老師當裁判、一位大學生義工計時、一位瓦斯公司義工計分。比賽規則是：所有隊員手上都有按鈕能搶答，先按先答，不過隊員間不能討論或助答；答對搶答題會附贈一題加分題，隊員間才能討論，並由隊長回答；答錯雖然不會倒扣，但會算敵隊得分。

這些計分規則和學術競賽不同，學術競賽答錯會倒扣一分，答對也沒有價值十分不用搶答的加分題，所以牽牽學校養成不確定不敢搶答的習慣，正好讓敵隊題題搶答，沒有扣分顧忌。而且更倒楣的是，此對手居然就是去年優勝！牽牽學校一路敗陣，我拿著相機，久久按不下快門，最後比數也不敢看，聽說是上百分比12。

「我們才第一次參加，得失心別太重，況且他們都是明星高中來的。」記得比賽前帶隊老師如是說。

換教室比第二場前，老師把所有隊員找出去信心講話，並要他們努力搶答，反正沒倒扣，只要不在題目沒念完前按鈕就好。說起來還真萬分神奇，後來的四場比賽居然全贏！擠進前16強！可以輕鬆去吃免費披薩，不用如老師建議：沒進16強就早點回家吧，不要留下來吃午餐了！

午餐結束有一場演講，關於天文望遠鏡的今昔躍進，但所有學生都昏昏欲睡或閉目養神，準備下午的第二回合。

前16強分成四組，組內互比三場，選出每組優勝。這次每組程度相當，有時我們贏了上半場，卻輸了下半場；連輸兩場後，面臨連贏兩場，後來進入準決賽的隊，居然贏了！可是也挽回不了被淘汰的命運，進不了前四強，不過鄉下學校有這樣的成績，已經很讓人驚豔了。

「妳會幾題？」牽牽和隊中三名隊員輪流出賽，但從沒看她按鈕答題。

州內自然杯競賽

「有的題目我會，可是按太慢了，隊長居然答錯，好可惜啊！」

「是啊，妳該勇敢一點，否則以後老師就不會讓妳出場，更何況，明年學長姐都畢業了，沒人給妳靠，妳不搶答就不會贏啦！」

不敢搶答怕出糗是大女兒的缺點，這樣的缺點在美國社會將是致命傷啊！

好在帶隊老師對女兒有信心，隔年學長姐都畢業後，指派女兒當隊長。必須每星期在課後領導隊員練習、並製作海報招攬新人、知道隊員的專長、比賽時能及時決定是否替換隊員。全隊雖然還是

在分組時巧遇去年冠亞軍而沒能進入前十六強，但能堅持在高中四年持續參加同一個社團而當上隊長，在日後申請大學的履歷上，絕對能稱得上有領導能力的資歷，也表示在學術方面有高度興趣。

教養便利貼

美國學校的考試不在考倒學生，而是確定學生學會必須知道的重點，所以老師總會在考前給考古題；而對於能代表學校參賽的學術比賽，重點也不在贏，而是希望有興趣的學生主動在課後留下來練習，完全不採強迫制，也不經由考試選出最優秀的學生代表參賽。主動學習才是最有效率的學習，也是最長久的學習。

10.「挑戰你的想像力」社團比賽

　　同儕對孩子的影響果真大過父母，小女兒因同學慫恿，參加了一個大女兒沒參加過、我從來不知道的課後社團 "Destination ImagiNation"，中文翻做 "目的地‧想像"，有點像是給你一個挑戰，那是你必須達成的目標、你的標地或目的，然後，你得運用想像力，設計能達成目標的方式，也就是所謂problem solving，思考和解決能力的訓練。從小學至高中的學生都能自由組隊參賽，領隊可以是老師，也可以是家長，官網上有全套的課後練習教材，完全不用擔心如何準備，即使最後沒獲勝，也是不錯的思考能力訓練。

　　比賽有六種組別：機械、能源舞台、影片製作、即席表演、建築結構以及社區服務方案。組員人數不拘，各校能派出的參賽隊伍數目也不拘，但每隊只能選一個組別參賽，比賽分年齡層：國小、國中和高中分別競賽，小女兒的六名隊員選了建築結構類參加，同校另一隊則選了機械類。

　　機械類也算是即席比賽，必須從裁判提供的零件中，組合出能成功完成要求的結構，每件材料都需用上，最後還要創造一個符合設計結果的故事做介紹；跟建築結構組很像，所不同的是，結構組

是在比賽前先設計一個符合比賽要求的結構，並表演一個相關故事做解說，而機械類則是即席激發思考力，感覺比較難。

今年結構類的要求是利用木頭和木膠設計一個堅固結構，承載力越重越好，並設計另一個輸送高爾夫球的結構，讓高爾夫球滾進木頭結構內，並停留至少四秒而不被彈出，也不會擊垮結構。

承載力以不同輕重的舉重板計算，分別有5, 10, 25, 45磅，若晉級到州內資格，則另外增加35和50磅的舉重板，並能加長穿過舉重板中心的長桿，繼續增加承載力。

兩個結構必須製作故事、背景、音效及服裝來吸引裁判和觀眾的興趣，小女兒組員想出的故事是去南美洲復活島上尋找一種"小龍莓"，做為電視上美食頻道的特殊食材。虛構的小龍莓是生長在復活島上，是噴火龍拿來孵化龍蛋的媒介，故事中噴火龍（輸送高爾夫球的結構）從嘴裡吐出龍蛋（高爾夫球），送進孵化器裡（木頭結構），取代小龍莓的作用，讓噴火龍不會吃光小龍莓，以便組員們可以輕鬆找到復活島上的小龍莓，來完成美食頻道上需要的法國美食……好複雜的故事啊！很有想像力吧？

六名組員有不同的任務：兩位設計故事及背景和音樂……等表演部分，兩位負責做噴火龍，小女兒和另一名組員設計木頭結構，父母和師長完全不能幫忙，結構不能超過五十公克。剛開始，小女兒建議用冰棒棍，因為取材方便，並設計出類似橋墩的柱狀結構，認為橋墩可以受重力。

可是測重時，筆直木棍一下子就被壓垮了！同學則設計出一個小方盒，可以壓很多本書，只不過太小了，不符合至少7.5吋高度的要求。

她們又想到金字塔，三角受力點其實最穩，於是改成梯形裡面有斜角木頭的結構。缺點是太重了，超過50g，小女兒於是上網查到有一種木頭叫balsa wood，通常被用來做各種玩具模型，而且最好的組合方式就是用木膠，正好符合規定，由於是美工很普遍的材料，所以上網就能購買，女兒再次更改設計，改成有一個四面都是交叉木頭的高塔，中間的底座可以容納高爾夫球。

不過，單面受力不穩，容易被送進的高爾夫球擊垮，同學建議改成三個小高塔，維持三角受力原則，再用圍欄把高塔相連，來容納高爾夫球，此結構是孵蛋器，由組員將高爾夫球（龍蛋）放進噴火龍尾巴，從噴火龍嘴裡吐出，再滑進結構（孵蛋器）；右邊則是美食頻道，由另兩名組員裝扮成廚師介紹美食；最左邊有組員負責按音響放音效。

木頭結構必須放進主辦單位準備的木框，中間有架舉重板的長桿，再把旁邊的平衡板架上木頭結構；有的學校規則沒看清楚，整個木頭結構不夠高，應該必須高於四邊木框的高度，7.5至9吋，慘遭淘汰。

女兒學校的結構重48.7g，共受力325磅，缺點是噴火龍太高，尾部坡度太大，高爾夫球進去後馬上被彈出來，停留不到四秒。

每進一顆高爾夫球可以多加上五十磅的成績，她們的結構沒能放進任何高爾夫球，最後拿到第二名，算是不錯的成績，前兩名可以晉級州賽。

　　州賽陣容龐大，總共有超過兩百隊晉級，每隊約四到八名成員，加上老師和家長，總共上千人！不過每個競賽類有不同組數參加，機械類和社區服務最少，建築結構和影片製作最多，尤其是小學生組，競賽最激烈；高中組參賽組數最少，能晉級前兩名全國比賽的機會也最高。

　　從郡賽到準備州賽期間，每隊可以修正結構，女兒組員把噴火龍腳上的輪子拿掉，以減少高度，把舌頭部分加長，讓高爾夫球滾出的緩衝時間增加，又另外製作一個復活島上的原住民石雕當舞台道具。

　　這次的結構重47.7g，比郡賽時少一公克，最後承重615磅，加上11顆高爾夫球，總共受力1,165磅！小女兒因為聽力、謹慎度和決策力公認最佳，所以她的任務是決定放多少、多重的舉重板，四秒後沒垮時，請組員輸送一顆高爾夫球，等四秒沒擊垮結構，再決定放哪個舉重板，太重可以請旁邊的家長或組員幫忙抬。

　　她們增加長桿高度，加放最後一個舉重板後，小女兒聽到結構開始有將要垮的崩盤聲，趕快退後叫停，這時規定的八分鐘比賽時間也正好結束，時過四秒，計分員上前統計總受力，整個木頭結構當場倒塌！等於測到結構最大的承受力，真是太棒的結果了！

下午的比賽是「即席挑戰」（Instant Challenge），題目可能是機械類，也可能是即席表演類；每隊拿到的題目相同，所以在全國比賽開始前，不能透露考題，我也就無從解釋啦！不過郡賽時的題目是即席表演，給四分鐘討論，討論完額外加一個意外情境，再給一分鐘討論，最後即席在兩分鐘內表演成果，算是考驗臨場反應。

　　「即席挑戰」和前面的「主題挑戰」（Central Challenge）加權計分後，最後選出每類前兩名晉級全國比賽，第三名有獎牌，第四、第五名則只有接受公佈表揚。女兒學校得到第四名，不幸跟獎牌和全國比賽擦身而過，我們因為時間問題，沒看到第一名的結構，但正巧看到第三名，他們只做了一個塔，外面加上細欄杆收高爾夫球，所以整個結構輕很多，因為計分是以結構主體重量除以承重力計算受力比，雖然他們沒用很多舉重板，但最終的受力比高很多。

　　沒得名雖然有點失望，不過，這是個很有趣的比賽，對課業還不重的中小學生，算是不錯的思考訓練，是非常推薦又值得參加的課後社團，而且，DI有提供獎學金，給參與多年DI比賽的應屆高中畢業生！女兒這次參加的隊伍不是由學校老師帶隊，該校有許多想參加此比賽的學生，但願意帶隊的老師只有一位，所以女兒同學的家長自願當領隊，才讓這學校第二軍成立。其實，由於比賽有六種類別，每個學校可以有多組參賽，只要不報名同類別，就不會有互相殘殺的顧忌，主辦單位也沒規定一定要由老師當領隊，所以如果孩子有興趣，是個很可以跟其他家長配合成立的社團。每星期留

校一小時，DI網站上有許多提供腦力激盪的遊戲可以下載練習，不需要家長特別傷腦筋排活動。

小女兒隔年又參加此社團，這次報名社區服務類，基於去年進入州賽的經驗，計畫幫助三所小學的DI社團練習，輔導記錄必須製作成八分鐘的影片，在比賽現場播放，比賽時並需有服裝道具增加介紹的活潑性。

很幸運的，小女兒的隊和三所小學隊伍都進入州賽！最後小女兒的組隊獲得全州第一名，可以去田納西大學參加為期一周的國際比賽！遺憾的是，費用昂貴，雖然可以自行募款，但補助有限，若開車不含機票也需要約六百美金，又正好和小女兒的全國拼字比賽撞期，拼字比賽有報社全額補助，取決之下，只好放棄參加DI國際競賽，但之前的州賽準備過程，已經是很棒的社區服務經歷了。

挑戰你的想像力」比賽

獲得晉級國際決賽權

教養便利貼

　　「挑戰你的想像力」比賽不只是美國國內競賽，也是全球性比賽，每年都有世界各地超過三十個國家參加，去年有中國和韓國進入決賽，隊員們會互換紀念品和別針，是個非常值得參加的國際性比賽喔！

馬里蘭州DI官網http://www.marylanddi.org/
DI官網http://www.idodi.org/

11.「未來商業領袖」全國比賽

　　FBLA, Future Business Leaders of America是一個給美國高中生學習成為未來商業領袖人才的組織，每年舉辦全國性包括超過五十種商業項目的競賽，學生必須通過地區及州內優勝，才能取得全國比賽的機會。

　　這也是個課後自由參加的社團，由商業課程老師指導，若是沒選修任何商業課程，就只能靠同學口耳相傳加入。牽牽至目前為止，沒選修任何商業學分，好友則因哥哥參加過，今年一起邀她報名。此社團得繳報名費十六元美金，而且完全沒聚會，唯一的活動就是課後義賣，賣漢堡、賣店家折價券，以及每月自帶一盒餅乾去學校義賣，學習募款經驗。

　　為什麼好友兄長會樂於介紹呢？因為社團有地區性競賽，學長通過地區、州內競賽，是全校唯一進入全國比賽的學生，社團很幸運地找到公司全額贊助旅費，參加為期四天的比賽，他參加的項目是公開演說。

　　好友選的項目也是公開演說，內向的大女兒當然不想參加此項，她看了半天：會計、財務、經濟、市場學、銀行管理、醫療行

政、公司法、商用軟體、商用微機分……

「這些我都沒修過！」

「有客服人員和櫃台耶！」

「那我也不會啦，不然……就這個商業數學好了，反正數學應該都差不多吧！」

大概吧，我也不清楚商業數學涵蓋什麼？也許就是借貸關係，算些利息本金之類吧？社團一共二十多名學生，分別自選項目參賽，有另一名男生跟牽牽選同項。有些項目需要上台比賽，便和筆試者分開在不同時間競賽，商業數學當然是筆試，很幸運地，女兒和那名男生都進入州賽，女兒居然是本區，包括本郡和鄰近三個郡的冠軍！

筆試一小時，答題速度和答對率一起計分，據牽牽說有些很簡單，有些則課堂沒教過，完全沒概念，比如循環利率，為了準備接下來的州賽，牽牽上圖書館借了一本商業數學自修。

州賽有三天，星期四至星期六，參賽學生得曠課兩天，場地在巴爾的摩飯店，費用兩百美金，學校補助三十元，有校車接送附近幾個郡內所有晉級的學生，聽說女兒學校共有十一人進州賽，參加公開演說項目的好友也晉級了，同校三名女同學可以共住一個房間。

三天中當然不是完全在比賽，雖然個人賽是一個半小時，但分別在不同時段，所以不是自己的比賽時間，主辦單位安排了許

多演講可以參加。這個州賽活動的正式名稱是State Leadership Conference《州內領袖會議》，就是美國在學術界很流行的研討會，請許多行業專業人士演講，課程包括如何申請大學、求職面試注意事項和穿著、如何做好人生理財，晚上則有舞會。

研討會全程需要穿正式服裝，男生西裝領帶，女生套裝，晚上則是晚會裙裝。還好女兒跟我個頭相當，除了幫她另外買了件連身窄裙之外，帶了兩套我的套裝和幾件襯衫。又因為研討會只附晚餐，早午餐得自備，女兒行李中，除了衣服就是食物啦！

如果自費一百七參加三天會議嫌貴，那你就太不知行情了！我那寶貝女兒居然又抱了個全州第二名回家，得自費一千美金才能參加全國比賽！州內筆試項目取前三名，公開比賽項目只有前兩名能晉級，女兒學校最後只有三人進入全國比賽，分別是文書處理、會計和女兒的商業數學，好友拿到公開演說第三名，很可惜，剛好不能參加全國競賽。

全國比賽在德州聖安東尼奧舉行四天，四名學生住一間房，也就是說，家人無法參加，一千美金只包括機票費和旅館費，三餐完全得自理。那就自己多帶一些食物吧，不過，現在飛美國境內行李都要加價，費用裡包括行李費嗎？

我沒問，因為對是否讓女兒去還取決不下，學校補助一百美金，也會協助找贊助單位，聽說上次很幸運找到金主，讓好友哥哥免費參加；但學校這次進入全國比賽有三名學生，能籌到多少補助

未知，美國經濟還沒回升，能否籌到贊助很讓人懷疑。

「實在太貴了，如果是我自己的小孩，我不會讓他去。」指導老師如是說。

結果其中一名學生因此打退堂鼓，老師好不容易又找到別郡學生湊足四人房各付一千的規定；若是住三人房，價格會調高到每人一千一；兩人房每人一千二百五。我可以自行找贊助嗎？不行，老師嚴厲規定不准學生自行募款，原因說是募到款項得和同學平分，這沒問題啊，但老師還是不准。

能有機會進入任何全國比賽，都是孩子一生難忘的經歷，我最後還是讓女兒報名了，而學校指導老師也在報名截止後，讓我自由幫女兒募款，所得不用跟其他同學分擔。非常謝謝後來贊助女兒成行的美國國會圖書館亞洲部盧雪鄉主任、華府駐美經濟文化代表處文化組李鈺美小姐，以及鑫波科技羅智勇總經理的大力幫忙，無私助人之心，我與女兒永生感激。

四天的全國比賽有來自五十州，分別在五十九個商業項目中，進入各州前兩名或前三名的高中生參加決賽，加上帶隊老師和工作人員，整個活動有將進一萬人進駐運河區的六個飯店，美金一千元的旅費包括報名費、從學校到機場、到飯店的接送、來回機票，以及五天住宿，但是三餐得自理。不過，第一天從機場下機後，巴士會帶學生去大賣場採購雜貨，女兒買了礦泉水和一打甜甜圈當早餐。

「怎麼只買甜甜圈？買那麼多？吃得完嗎？」

「沒有小包裝的啊，反正可以跟同學交換吃。」

說的也是，設想比我週到，我讓她帶了一些餅乾、牛肉乾、罐頭和泡麵當午晚餐，另外讓她帶一百五十美元以備不時之需。帶隊老師說，「如果你的孩子很省，兩百五應該足夠。」還好我女兒超級省，最後只花了一百美金：參觀鬼屋八元、坐船十元、團體活動去餐廳吃，就點最便宜的披薩或漢堡，喝免費冰水、還能樂捐五元，並給自己和家人買小禮物！巧克力給我、各色辣醬給凱、T恤給自己，還給妹妹買了個有地標Alamo的thimble（縫紉頂針）。

主辦單位也給了小紀念品，裝電池的燈光別針、州幹部競選緞帶、一件T恤、閃光火炬和樂捐拿到的回收袋。

「未來商業領袖」全州第二名

獲得晉級全國決賽權

教養便利貼

　　「未來商業領袖競賽」的重點是給這些能進入全國比賽的孩子一個慶祝的機會，學習以後正式社交場合上，必須注意的穿著。真正的比賽不到兩小時，女兒的商業數學屬於筆試項目，不如必須上台的公開演說緊張，每個項目最後選出前十名領獎，現場有網路同步轉播。雖然女兒最後很可惜沒得獎，不過，能進入全國比賽就能寫上履歷了，更何況是能見到各地同齡高手的旅行，怎麼說都是人生難得的美好回憶。

「馬里蘭州未來商業領袖社團」官網http://www2.mdfbla.org/default.aspx

「未來商業領袖」官網http://www.fbla-pbl.org/

12.參加數學競賽拿獎學金

　　還沒開始申請大學，怎麼申請獎學金呢？有什麼獎學金可以申請呢？

　　一般的獎學金多半是給十二年級生，少數單位有提供名額給還沒要畢業的高中生，參加大型比賽是其中一種，先來介紹一下。

　　美國高中有包括數理化生物的「奧林匹亞競賽」（Olympiad Competition），但都得由學校老師提名或組隊報名，而這項工作完全屬於課外活動性質，必須有老師願意多花課外時間輔導、學校願意花報名費、學生願意花錢自費參加，否則便無從參與，城鄉差距其實就在此產生，明星學校或是私立高中的學生自然較有機會接觸這樣的機會。

　　我們住鄉下，女兒唸的是公立高中，雖然修了許多可抵大學學分的AP課，但所有老師中只有一名教物理和總體經濟學的老師沒有孩子，所以每星期願意貢獻兩天在課後訓練學科競賽、自然杯和辨論社，至於奧林匹亞則完全沒有老師願意帶隊。

　　不過，馬里蘭大學有個比較小規模，專門給州內高中生參加的「數學競賽」（University of Maryland High School Mathematics

Competition），未滿十九歲的高中生都能參加，當然啦，還是得有老師報名、學校掛名交美金75元報名費。

比賽採筆試形式，在自己校內上學時間舉行，所以家長完全不用擔心接送問題。有兩關，第一關是七十五分鐘做25題單選題，每題答對四分，答錯倒扣兩分，沒作答或多選者不倒扣，所以總分是一百，最低分則是負五十分。

內容涵蓋幾何、代數、三角函數和機率……等等高中數學範圍，但不包括微機分。雖說所有高中生都能考，但學校通常只問已經修到微積分的學生是否願意參加？我沒寫錯喔，這裡是美國，美國小孩都不愛考試，尤其是考數學！如果非必要，大家寧可在教室瞎混，也不會去考試，學校通常都要準備糖果點心來奉承願意來考的學生，所以2012年，全州參加考試的人數只有2,588人。

報名期限通常在十月初，第一次筆試在十月底，成績約在前百分之十者可進入第二關，十一月開始第二次筆試，每年的關卡成績約在50-52分，得至少答對一半多一點，13題。

牽牽十年級時第一次參加，考得很慘，慘到我和她都不想記得，也忘了幾分，當時只覺得無論這小妞各科表現多好，她骨子裡還是多一點文學細胞！

十一年級時，女兒某天從學校回來，神祕兮兮的給了我兩顆巧克力，說：「我們今天考數學競賽，老師給有去考試的人巧克力。」

「妳考得怎樣？」

「我只寫了十二題……」

喔，沒希望了，我心裡想。

「可是我完全沒猜，如果都對會有48分，去年晉級要五十分，我算很接近啊，也許有點希望，不像上次猜了一堆，分數都被倒扣光了！」

說得也是，考試規則一定要看清楚，有倒扣絕不要亂猜。

過了幾個月，女兒帶了一張十元美金的禮卷：「哈，我居然是全校最高分耶！」

「真的？去年考很高的男生呢？」

「他今年聽說寫太急，答了好多題，大概錯太多了，只有二十多分！」

「那妳幾分？」

「我答十二題錯一題，42分，還是不能晉級。」

今年的平均分數是16分，晉級要52分，兩關總分前三名可以得到馬里蘭大學全額獎學金，以及美金各$500、$400或$300元，各郡冠軍各得美金一百，女兒只是全校冠軍，不是全郡冠軍，所以只有一張十元禮卷，不知道是不是老師自掏腰包來的！歷年來，女兒學校從來沒有人能晉級，要靠這項競賽拿獎學金是非常不可能啦！除非參加課外補習，或者真是數學天才，榜上幾乎一半是這樣的華人小孩。

學校另外還贊助一項AMC（The American Mathematics Competitions）數學競賽，AMC8給八年級或以下參加，AMC10和AMC12給十年級和十二年級或以下參加，在後兩者表現好的話，可晉級三小時十五題演算題的American Invitational Mathematics Examination（AIME），前三十名繼續晉級兩天九小時，六題證明題的「數學奧林匹亞」（United States of America Mathematical Olympiad, USAMO），最後選六名代表美國參加「國際數學奧林匹亞」（International Mathematical Olympiad）。

AMC10和AMC12的計分規則有點怪，總共75分鐘答25題，對一題六分，答錯不倒扣，但空白會有1.5分，所以也是不鼓勵猜啦！

「我覺得比上次那種數學競賽難，只寫了八題，算了一下，頂多73.5分，有個男生說會14題，總分可能超過一百分。」超過一百就能晉級，至少要答對一半多一點，14題。

那麼會有什麼獎勵呢？全校冠軍會得到一個別針和十元禮卷，其他人就只拿到一張獎狀，之後晉級者會有獎牌。有獎金嗎？沒有，但申請學校時會很有用，尤其想專攻數學的話。

牽牽當然不可能晉級啦，數學也不會是她的專長，只是，原本以為能因此拿到一點獎學金的夢想破滅，得找別的門路囉。

教養便利貼

在美國念大學，最煩惱的不是成績，也不是能不能申請到學校，而是能拿到多少獎學金？能唸得起想上的大學嗎？我常想，這會不會是台灣小孩和美國小孩最大的不同點？台灣高中生只要把書念好、把試考好就沒事了，可是美國高中生還得擔心學費，除非父母願意傾家蕩產幫忙揹相當幾百萬台幣的學貸，否則就得努力申請獎學金、找打工機會才能上理想大學，不然就得屈就二線大學。

Part 3

多樣化的大學入學考

大學入學除了學校四年的成績單和推薦信之外，還需要考SAT或ACT，有些理工科更要求至少兩科SAT學科測驗，這些入學考由民間機構主辦，每年有七次機會，只考英數兩科，數學有範圍，但是英文則除了題型之外完全沒範圍，而且必須自行上網報名考試。十一年級的學生，則在學校統一考PSAT，一種決定是否取得「全國資優生獎學金」資格的競賽。

13.如何考好美國大學入學考SAT 與ACT？

　　女兒在八年級結束後，試考了一次SAT，完全沒準備，考得還不錯：英文710，數學590，寫作590，總分1890。過了兩年半，十一年級第二次考，這次有準備但沒補習，英文760，數學760，寫作790，總分2,310，排名全國前百分之一！她是怎麼辦到的？讓我們先來看看什麼是美國大學入學考吧。

　　SAT（Scholastic Assessment Test）和ACT（American College Testing）是兩種由美國民間機構主辦，受各大學公認的入學評量考。SAT起源稍早，在1926年，原本只測驗英、數兩部分，2005年後增考寫作，每部分800分，總分2,400分；但是2016年將改回總分1,600分，作文可以不考。ACT則以彌補SAT缺乏自然科學評量的角度出發，開始於1959年，原本分四部分：英、數、閱讀和科學，2005年起，也如SAT，同樣加考寫作，但可選擇不考，每部分有36分，最後不加總，以四部分平均計算。

　　有趣的是，美國中西部各州大學多偏好ACT，甚至有許多州規定高中生以ACT成績作為高中畢業學測；但在美國東西岸及德州的

大學，則多數採納SAT成績；一般來說，SAT歷史久遠，接受度較為廣泛。

SAT每年有七次應考時間，每次實際考試約三個半小時，加上考場規則、填寫個人資料、發卷和休息，整場考試下來，會耗上四個半小時！英文部分從前稱之為字彙，現在則著重於關鍵閱讀能力，共七十分鐘：測驗字彙深度的填空題、包含文理知識的閱讀測驗，以及短文的對應比較。大致來說，越後面的問題越難也越長，裡面還會摻夾不計分，但供未來分析考題用途的實驗題。

數學也是七十分鐘：44題單選，十題簡答。包括代數、幾何、統計、機率和分析，有些部分可以用符合規定的計算機（德州儀器 TI83, TI84, TI89）作答，考場對能帶進考場的計算機品牌型號有嚴格規定，買計算機時最好先確定是否符合標準。

2016年的寫作部分，則改為五十分鐘寫一篇作文，作文題目多半是與個人相關的人生經驗與看法，滿分12分，由兩位閱卷者給 0-6分，給分相差超過一分，則另請一位閱卷老師重新閱卷給分，平均閱卷時間為三分鐘。因此，有些補習班老師會建議學生，寫越多、用越難的字彙越好，如果讓閱卷老師不到三分鐘就看完，分數絕對不高。

ACT每年有六次考試時間，歷時四個半小時，英文45分鐘，著重在標點、語法和修辭，共75題單選；數學一小時，有六十題單選，包括代數、幾何和三角函數；閱讀測驗35分鐘，則有四大題共

四十題單選，選自文學、社會科學、藝術和自然科學的書籍或雜誌；科學35分鐘，有七篇短文，評量資料分析、研究摘要與衝突觀點的解讀能力；寫作半小時，寫一題對社會現象的看法，分數滿分為12分，成績加權計入英文部分，但因為沒硬性規定要考，所以英文部分滿分不變，仍是36分。若自覺作文不錯，能拉高英文分數，當然最好加考；若沒把握，則最好不考作文，但有些學校會要求作文分數，就不得不考啦。一般來說，大學規定最低ACT錄取分是17分。

有人認為：ACT題目比較簡單但較多，SAT題目雖較難，但每題都至少有一分鐘答題時間；另外，SAT有十七種學科測驗，ACT則完全沒有學科測驗，如果想申請的學校要求學科測驗成績，那麼，即使你考的是ACT，也要另外加考SAT的學科測驗。

好，決定想申請的大學要求哪個成績後，就得開始準備了，最慢在十二年級上學期結束前，一定要有滿意的SAT或ACT成績。

首先是高中選課，由於數學範圍到代數二，是普通沒跳級的高中十一年級數學，所以十一年級一定要修完代數二，還沒修到代數二，應該就是被當掉了，請暑假自己趕快補一補數學吧，至於三角函數和微積分，別擔心，不在考試範圍。

高中英文一和英文二分別是九和十年級課程，應該早修完了；美國史和政府學兩科一定要在考試前上完，對英文部分成績很有幫助；AP Literature文學，則有助寫作成績，這些課最好全在十一年級結束前修完。

再來就是上SAT官網申請帳號，申請了帳號並不一定要馬上考，官網上有許多應考資訊，比如"每日一題"，可以要求每天送到Email信箱，提醒自己每天練習一題模擬考題。另外，SAT最近和Khan Academy合作，網上有許多題目和解題影帶可以練習。

然後就是買書吧！當然也可以上圖書館借，美國的圖書館一次能借三個禮拜，而且能續借兩次，總共兩個多月的時間慢慢消化，圖書館的書不見得很舊，但不同的版本很多，其實主要是練習模擬考，熟悉題型，多借多做。

這麼多題庫中，女兒覺得最好的是官方版"The Official SAT Study Guide"，因為裡面有八次模擬考題庫，最豐富；Princeton Review的"Cracking the SAT"也不錯，有許多答題偏方和有用的講解，比方數學題，一般不用花太多時間，都可以由暗示回答，如果花超過五分鐘，那一定是搞錯方向了。

由於SAT一次考完要三個半小時，ACT四個半小時，做模擬考時可以分段做，以免太累，注意力不容易集中。但至少要真正算時間做完一次完整模擬考，磨練耐力，適應一下考試當天的情況，所以題庫最好至少買一本，可以放久一點慢慢做。

最後，就是多看書啦！英文和寫作兩門佔了總成績三分之二，如果平常多看書，不一定要純文學，看些傳記或歷史也很好，因為許多題目都跟文史相關，雖然也有自然科學考題，但不會是深奧理論，不用怕看不懂，時代雜誌和報紙社論是不錯的閱讀來源。

考試當天未免作弊，每人拿到的考題順序會不同，但寫作一定是第一部分。寫作的題目是論說文，多半是對切身有關議題的看法：大眾是否該更重視隱私權？對"Good Samaritans"（熱心助人卻造成過失傷害）有何看法？是否永遠該對朋友誠實？你該忘掉過去嗎？對這些有爭議論點的題目，考生最好選一邊論述，並且站穩立場，千萬別站中間，說兩種情況都有好壞，就像辯論一樣，永遠只辯一方，否則成績會很低，Don't sit on the fence！如果能舉例說明更好，例子不一定得是名人警句，個人的刻骨經驗也能引人入勝。

平常多跟同學和家人討論各種時事議題，吸收不同觀點，也是練習寫作的方法。把模擬考的寫作題目挑出來，和家人討論，然後記下有用觀點，因為寫作只有二十五分鐘，要快速想好論點，又能有不錯的表達文筆，速度絕對是得分的關鍵。

每年大學申請的期限從十一月至二月不等，也就是說，考生最慢需要在升十二年級的十月至一月間，交出令自己滿意的SAT或ACT成績。由於可以重考，當然更早就得開始考啦，以便考不好的話，還有機會補救。所以，加上等成績出來的一個月，如果想要至少有三次考試機會，又不願多付臨時應急報名費，那麼整個考試作業最好在半年前開始：ACT可以在升十一年級的四月考試，三月報名；但SAT因為三月和四月是輪流辦，去年若三月有辦考，今年則是四月，海外地區這兩個月都不辦，所以保險起見，考SAT最好在前一個考試時間，也就是升十一年級的一月，就開始報名吧！

教養便利貼

準備考試沒有捷徑，美國台灣都一樣。熟悉題型、努力準備、考前睡飽一點、考不好沒關係，重考就是了。開始慢慢計劃，每天做些模擬考題吧！

每日一題模擬考題http://sat.collegeboard.org/practice/sat-question-of-the-day

SAT官方準備題庫The Official SAT Study Guide http://www.amazon.com/The-Official-SAT-Study-Guide/dp/0874478529

其他版本準備題庫Cracking the SAT http://www.amazon.com/Cracking-2013-Edition-College-Preparation/dp/0307944786/ref=pd_sim_b_4

Khan Academy https://www.khanacademy.org/

14. 準備加考SAT學科測驗

十一年級是準備大學入學考的緊張時刻！對我們這些沒在美國上過大學的父母來說，申請程序如何？總是半知半解。所以，當十年級還沒結束，女兒跟我說：

「同學都要考學科測驗，很多大學要求至少兩門學科成績，我想先報名數學二和化學，生物明年再考。」

我很無厘頭的問：「數學還有一和二啊？那怎麼不用先考數學一呢？」

「數學一主要是代數和幾何，正好是一般SAT的數學範圍，同學說不用再考；數學二重點在前微機分和三角函數，我這學期剛修完，趁觀念還在，現在考正好。」

原來如此！「那化學呢？我記得妳說妳們化學老師很爛，妳都聽不懂，還得放學留下來問其他老師。」

「對啊，我比較擔心化學，可以幫我買一本模擬考看看嗎？我先試考一次，如果分數很差，再考慮要不要考。」

那本官方版的All SAT Subject Tests，像電話簿一樣厚，包含二十種學科各一次模擬考，大女兒考完後說：

「好多東西老師都沒教，我先自己看，要是在報名前覺得沒辦法看完，就以後再考吧。」

那時女兒正好取得代表馬里蘭州參加「全國商業領袖競賽」（FBLA）的資格，比賽是六月底，SAT學科測驗則在六月二日，暑假第一天的假期，所以女兒得在準備學校期末考時，一同準備SAT數學和化學的考試。

對我這離開校園太久的老媽來說，光想就怕了！況且學科考並沒硬性規定要考，這孩子居然還是自願報考，簡直不是普通小孩啊！只見她每天放學寫完作業，就會按自定的進度慢慢自修，最後看完學校發的化學課本後半本。

考了模擬考，說：「六百五，不太爛，我想試看看。」學科測驗大約一小時，所有報名者在指定考場同時考，每個郡會有幾個考場自由選，但若報名晚了，選擇性就比較少；甚至有可能附近考場都滿了，得一大早開車去遠一點的考場，所以最好早點報名。日期是每個考試月份的第一個星期六，如果只報名一科考完後可以先離開；報名多科者，則在中間休息約五分鐘後繼續考；同一間教室裡，每位考生的學科不一定相同，即使都考一般SAT，考題內的英、數、寫作題目順序也會不同，也許是避免作弊吧。

成績在暑假八月出來，滿分八百女兒考了七百，數學二則有七百五！考得還算滿意，女兒乘勝追擊：

「中文每年只有一次考試，在十一月，我和妹妹都想去試，如

果考得不錯，要跟爸爸商量不上中文學校了。」

正如母語非英語的國家有托福TOEFL和多益TOEIC，來鑑定個人英語溝通的能力；在美國，要升大學的學生，也有所謂SAT的中文學科考試，由美國College Board主辦，但重點僅在測試高中生的中文程度。至於職場中文，大陸檢定外國人士中文程度的測驗頗多：HSK、BCT、YCT……。

兩個女兒也是先考模擬考，成績分別是710和560。「考得不錯啊！都不知道妳們中文有這麼好！考什麼呢？」

中文SAT只有聽和讀，感覺比可抵大學學分的AP Chinese簡單，沒有說和寫。分三部分：聽力二十分鐘，聽問話選正確回答，或是聽一段對話，選出正確對話內容，考題是英文，所以可以先在聽題目時，知道要注意哪個重點。

第二部分是用詞填空，分別列出繁簡字體、漢語拼音和注音四種寫法，作題者只要會一種就能回答問題，算是最簡單的部分，因為即使認字不多，能說點中文的華裔小孩，從注音裡也能猜出大意。

第三部分是閱讀測驗，從一幅廣告、表格或書信、報紙上，測試了解程度。不過，只列出繁簡兩種字體，沒有注音或漢語拼音。這部分對識字不多的小女兒來說很難，但是這部分的選答部分全是英文，所以我說，看懂甚麼猜什麼，如果完全看不懂，就用常識來判斷，反正是英文答案啊！

後兩部分共四十分鐘，整個考試共計一小時，85題單選，答錯會倒扣四分之一分，得自備CD Player考聽力，如果考生還不是高中生，比如小女兒才八年級，考完後在隔年六月之前，必須寫信給主辦中心，要求保留成績。從前大女兒也在八年級時考過一次SAT，可是當時不知怎麼，沒注意到這項規定，錯過打電話保留成績的時間，所以那次成績就算作廢。

SAT官網上，提供每位註冊考試的學生填寫非常詳細的興趣履歷表，學生不用一次填好，可以慢慢增加資料，一旦有資料後，相關大學就會紛紛寄簡介來；也可以在收到正式成績前，得知考試分數。因此，考完一個月，兩個女兒都知道成績了！大女兒750，小女兒640，小女兒進步很多。

我在家已經沒跟孩子說中文了，小時跟她們之間的中文對抗早已結束，只剩在嘆息中協助完成中文學校作業。女兒們算是稍有中文基礎，如果以後有需要，自會主動學習，那麼，何必現在跟孩子做事倍功半的苦差事呢？讓她們學會為自己作主吧。

官方題庫All SAT Subject Tests可在二手書店購買，不到美金五元，包括所有學科一次完整的模擬考題；SAT 官網上有各學科考試範圍和幾題模擬考題，可上網先試試自己程度。

教養便利貼

由於美國SAT的大學入學考只考英文和數學，許多大學都會要求至少兩個SAT學科考的成績，因此，在孩子上完那門課後，趁記憶猶新，最好馬上報考；沒考好就重考。當然，能抵大學學分的AP學科考也一起試試，增加錄取機會；記得不要一次考好多科，免得太累。

就像台灣學生最好加考多益或是全民英檢一樣，沒辦法，有個考試標準總比沒標準好吧！

SAT學科測驗官網http://sat.collegeboard.org/practice/sat-subject-test-preparation

15.PSAT「全美資優生獎學金」競賽

PSAT（The Preliminary SAT/National Merit Scholarship Qualifying Test, NMSQT）是每年十月中，給全美十一年級的高中生應考，決定是否能取得「全國資優生獎學金」（National Merit Scholarship）的競賽，由負責SAT及AP考試的College Board主辦。

校方會事先通知學生考試日期，統一在學校考，只要是已經開始申請綠卡的學生，都符合參賽的資格；在家教育（Home School）的學生或居住區不在美國的美國公民，則須自己上網查鄰近的考場和報考時間前往赴考，就讀美國學校的話，老師應該都會幫忙報名。

這裡許多學校也會特別讓九年級和十年級資優生做練習考，但不能參加競賽。如果計畫高中提早畢業，考生可以選擇在畢業前一年或高中最後一年參加競賽，選擇畢業當年參加競賽的缺點是，整個競賽作業歷時一年，如果取得獎學金資格，那麼拿到獎金的時間便會在上大學以後的大一下學期，而非上大學前。

考試範圍和SAT類似，分別為關鍵閱讀（Critical Reading）、數學和寫作，滿分各八十分，總分為兩百四十分。關鍵閱讀包括13題填空，35題閱讀測驗，但會拆成兩次，每次24題，計時25分鐘，主要測驗字彙能力以及是否了解閱讀內容。

數學範圍是運算、代數、幾何、統計分析與機率，共38題，其中28題是單選，10題簡答需填入答案但寫錯不倒扣，也是分成兩次，各計時25分鐘。可以帶計算機，但其實考題不會難到需要用計算機，因為考的是思考和推理能力，而不是複雜運算。

最後一部分是寫作，主要測驗有效的寫作能力（Effective writing），也就是說，一篇好的文章必須有一致性、合乎邏輯、簡潔明瞭，並有正確文法。包括20題句子選字，14題改錯，5題段落修辭，計時30分鐘。

PSAT的中心思想不在測驗學生是否背了許多名言佳句、許多史實，或懂得多少科學知識、記住多少數學公式，而是在測驗學生的理解和關鍵思考能力。除了十題填入答案的數學題之外，其他答錯會倒扣四分之一分，所以最好不要亂猜。

女兒學校讓少數幾名資優生在九年級和十年級時就免費練習考，否則報名費要美金14元；不過，因為考了也不會正式列入獎學金競賽，所以低年級學生都不會太在意。女兒九年級時考得還好，193分，排名全國前百分之六；第二次剛好感冒，196分，排名進步到前百分之五，但是想進入獎學金資格賽至少得排名前百分之一

啊，210分吧！她還差一大截！

「媽媽妳幫我買一本題庫吧，我想多練習，熟悉題型，應該SAT的題庫就好，因為考得差不多，以後考SAT也能用上。」

看來只能這樣了，凱的大兒子從前補過SAT，但有補PSAT的嗎？女兒們周末都不在我這，要在週間上補習班，時間太緊湊了！我不太喜歡這麼忙碌。於是，在女兒要升十一年級的暑假，除了上網買了一本官方準備SAT的題庫給她以外，又跟圖書館借了許多本不同出版社的題庫。

那年暑假，女兒非常忙碌，除了考SAT化學和數學二學科測驗，還去了趟聖安東尼奧，參加為期一周的「未來商業領袖競賽」，以及共八星期的社區大學生技學分班，越忙還真的越有效率，女兒斷斷續續把圖書館和上網買的題庫都做完了！

「其實不難，只是很累，做到後面都提不起勁了！」

「那希望妳別生病，考前一天要睡飽，神智清楚比較重要。」

真的是這樣，許多美國的考試都不在考記憶，尤其數學，老師還會列出公式！重點在懂了沒有？會不會運用？頭腦清晰才是能得高分的關鍵。

「考得怎樣？」

「好累喔！寫到後面都不想寫了！有的同學大概都用猜的吧，好快就交了。」嗯，這考試不影響學校成績，要贏得競賽太難了，當然有很多人會放棄。

130分鐘考完後，就是慢長的等待。十二月初某天，女兒同學在學校告訴她說可以登入官網看成績喔！果然，看見自己的成績：關鍵閱讀80、數學73、寫作70，總分223分，排名全國前百分之一！雖然越到後面成績越差，但她閱讀滿分，數學只錯兩題，寫作也只錯三題耶！顯然今年的題目比較簡單，答對率高，只要錯一題就會被扣很多。

　　「妳比歷年進入資格賽的最低分高四分，應該很有希望！」當媽的總是很以自己的孩子為傲。

　　每年都將近有一百五十萬考生參加獎學金競賽，官網說四月會有五萬名屬於高分群的考生得到大學推薦資格，但女兒卻完全沒收到任何推薦消息。

　　住德州的朋友讓兒子在暑假回台灣補習，成績驚人，226分！聽說台灣補習對寫作的文法部分很有幫助，她兒子寫作拿滿分喔！要進入決賽拿到獎學金絕對不是問題，但是馬里蘭州的資格分通常較高，牽牽很可能就在邊緣！

　　官網上有個給家長和學生的討論區，有家長得到訊息說，今年程序改了，不推薦高分考生；但也有家長說，學校輔導室已經公布並表揚高分考生。女兒學校卻說沒收到任何通知，討論區裡還有許多小道消息，聽說能接受表揚的「嘉獎學者」（Commended Scholars）分數是203分，這些是沒進入準決賽但成績還是很高的學生，總共三萬四千名，等於是排名前百分之二的考生。

終於等到九月初，女兒從學校收到通知：她進入準決賽了！

馬里蘭今年的最低分比去年多出四分，正好是女兒的分數！在全國五十州中，和加州同樣排名第四，僅次於DC、紐澤西和麻州的224分，喔，好險！如果往東北搬一點，就進不去了耶！住鄉下一點的州還是有好處啦！

「老師說，全郡只有我進入準決賽耶，好驚訝喔！學校問妳要不要去看我接受表揚？」

真的？很讓人不敢相信！我女兒居然是全郡唯一進入準決賽的

榮獲「全國優秀學生獎學金」

學生！可見前百分之一的學生大多住在大城裡，他們的教育資源還是比較豐富。

我特地幫女兒買了件洋裝，也和女兒模擬接受報社採訪……結果，報社沒記者來，只有教育局登了篇新聞，然後跟校長拍照，準備放上畢業紀念冊（Year Book），害我們全家都盛裝參加！凱說：「可能是覺得每次都是東方面孔得獎，太傷白人小孩的心了啦！」嗯，似乎真是如此，學術比賽幾乎都是少數族裔的天下，亞裔、印度裔、中東學生，總是比白人學生用功！

全國前百分之一，一萬六千個進入準決賽的高中生，必須上網填申請表、寫一篇文章、決定第一志願學校、確定父母上班的公司是否在贊助獎學金的名單內、繳交SAT及學校成績，並且須持有綠卡且開始申請成為美國公民，明年二月公布進入決賽的名單。海外或寄宿生（Boarding School）也能參加競賽，今年海外生的資格分是224分，相當高！寄宿生則分區計算：東部224、西部223、中西部219、東南217。

大約一萬五千名符合資格者能進入決賽，最後八千三百名是優勝，得到的獎學金分四種：第一志願是贊助學校的獎學金，大學四年每年約五百至兩千美金；父母工作公司是贊助單位的獎學金，每年五百至一萬；沒決定第一志願、也沒贊助公司，則可得到一次性兩千五百美金；最後，一千三百名沒進入決賽，但有公司願意給獎學金者，也能得到補助。

「現在怎麼給這麼少啊？我以前每年有四千美金，總共給四年耶！」凱是36年前的獎學金得獎者，據說也是那個郡唯一的優勝，父親在IBM工作，當時是贊助公司之一，四千美金等於是當年的全額獎學金，學費全免，報紙也是大幅報導，威風得不得了！

　　「可是現在贊助公司好少喔，IBM都不在裡面了！不僅獎金變少，許多有名大學都退出，等於就只拿到兩千五百元啦！」

　　美國大學學費加上住宿，一年可能高達六萬美金，獎學金的資源越來越少，景氣不好之下，父母的壓力也越來越大，是否值得為上大學做如此大的投資？某些科系畢業後的報酬率又不高，以後的社會型態將會調整成怎樣呢？

　　2015年PSAT變更為總分1,520分，請上官網看新資訊。

教養便利貼

　　只要是美國公民或是有綠卡的孩子，不管住哪裡，都能參加競賽；而且如果選擇贊助學校就讀，每所學校給的獎學金不一，並非像簡章上說的只有幾千美金；近幾年中南部學校為了拉高排名，已經大量祭出全額獎學金的誘惑。其實，孩子如果優秀肯努力，不管念哪裡都會出色，不必一味迷信名校；父母也不需要花光退休金，給孩子繳大學學費，然後要求孩子日後奉養啊！

PSAT官網http://www.collegeboard.com/student/testing/psat/about.html
歷年進入獎學金資格賽的各州標準http://www.collegeplanningsimplified.com/NationalMerit.html

實用有深度的暑期規劃

美國教育不時興強迫學習，學校和政府有許多暑期課程，
免費付費，有薪無薪，有些老師會主動告知，但多半都是
張貼在輔導室外面的公布欄，有興趣的學生請自行張羅。
孩子如果不夠積極，家長上網蒐集資訊總是必要的。

16.醫學夏令營

　　ECHO是個讓有興趣往醫療發展的高中生，實地觀摩學習的夏令營，全名是Exploring Careers in Health Occupations，為期五天，提供在大學宿舍住宿，包括參觀醫學院、醫院的交通費和伙食，也會帶學生去附近的觀光景點，比如巴爾的摩港及波多馬各河泛舟之旅，州政府醫學教育中心補助部分學費，家長只需負擔75美元。

　　這是項長達三年的培育計畫，參加過第一年的醫療概略介紹之後，想繼續參加的學生，第二年夏令營的學習重點是自選的醫學課程，第三年則可以選擇一名醫師實地實習一周，能參加的學生是將升上十年級至十二年級的高中生，今年暑假女兒報名第一屆。

　　報名者必須填寫一份表格，列舉三項有興趣的醫學領域、歷年來參加過的課外活動、得獎記錄、請兩位老師及一位輔導老師簽名推薦，並另外提交一篇至多500字、說明希望在此次夏令營學到的經驗。

　　感覺上，這是女兒參加過最講究的夏令營，必須有推薦人，又必須填詳細資歷，還必須寫一篇短文，原因是課程有名額限制，而

且規定在期限當天早上八點，需傳真表格和短文至主辦單位，不能郵寄，也不接受email，先傳先得，太晚傳就佔不到名額！

家裡有傳真機的人不多吧？我家就沒有，那怎麼辦呢？還好凱辦公室有台很老舊的傳真機，可是這老兄平日不會八點前就到公司啊！可以前一天下班前傳嗎？我於是硬著頭皮email 主辦人，請求額外開例，但願很多人有同樣困擾，結果主辦人居然馬上回信核准！

想一起參加的女兒好友要求搭便車，我也請凱一併傳去，女兒看到同學的申請資料和短文說：

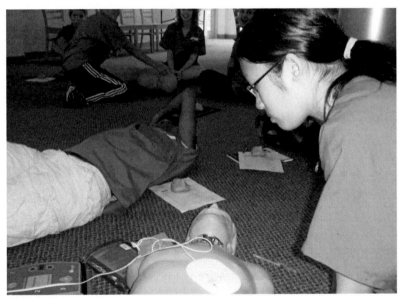

醫學夏令營

「阿提亞寫得好棒啊！參加好多課外活動，而且請好多老師簽名喔，我怕我不會被選上耶！」

「喔，可以找多一些老師簽名啊？我以為只需要兩位老師……而且她的作文比妳精彩耶！」

同學的短文以一段對話開頭，點出怎樣得知此夏令營？如何和輔導老師討論未來升學的主修計畫？然後說希望在此夏令營得到哪些更深入的了解？三小段簡單明瞭點出重點。反觀女兒的文章，只有一大段，像是回答問答題一樣單刀直入說，興趣在哪裡？想多知道哪方面的探討？

還好最後兩人都能去參加！而且主辦單位讓有一起參加的同學可以互選室友，住在兩人一間的宿舍。由於是真正的大學宿舍，所以可以帶任何想帶的東西，比方電腦、微波爐、甚至電視！當然沒人帶這些大件物品啦，但是不少人帶iPod、iPad，女兒和同學講好帶晚上能玩的board game遊戲。其他必需品是個人用的枕頭、床單、棉被、鬧鐘和毛巾、浴巾及盥洗衣物等。

此醫學夏令營開始於1970年代，美國的醫療荒時期，聯邦補助金從當時的11州擴大至現在的40州，也有學生貸款，協助日後想朝醫療領域發展的學生。只不過，也許是全球人口老化問題日趨嚴重，近年ECHO夏令營介紹的領域，重點都是跟老化有關的研究，以及養老院的醫療看護和處理，其他稍微涵蓋的範圍包括：新式手術技術、電腦醫療教學、各種新型檢驗設備、復健及牙醫。

「這些我都不喜歡，我只喜歡遺傳基因和診斷罕見疾病的研究，明年不太想再去……」

「那阿提亞呢？她也不喜歡嗎？」

「她說明年她想選腦科，一直要我陪她去。」

「好啊，妳就陪她去看看吧！也許妳會喜歡，反正還沒申請大學前多看總是比較有概念啊！」

不過，也許因為經費被砍，隔年的費用增加至一百美金，而且父母必須每天接送，既沒有校車，也不包括住宿，女兒和同學最後決定不參加。雖然可惜，但收費提高、孩子也開始在意自己的興趣，父母得學著放手囉。

教養便利貼

夏令營在美國和台灣都很流行，有的是很高檔的海外留學營，有的是去外州或是社區大學的研習課，似乎暑假就一定得給孩子安排活動。

我一向不偏好寵溺孩子，暑假其實是個能訓練孩子自己安排時間的不錯機會，也是孩子能放空大腦、做喜歡的事、想想未來的時候；除非費用很低，甚至免費，否則我都不會為了讓孩子有地方去而參加夏令營；畢竟孩子得知道父母賺錢辛苦，沒義務提供出國留學的待遇。超過十四歲就能在美國合法打工，不妨讓孩子學學職場工作的經驗，反而受益更多喔。

醫學夏令營ECHO官網http://www.wmahec.com/programs-echo.html

17.生技夏令營

　　在報上發現這個夏令營的時候已經太遲了，活動已過，只能在隔年的年曆上畫個大紅星，提醒自己明年記得去相關網站找行事曆，或是直接電詢相關單位。所以，當小女兒從學校帶回一張似曾相識的傳單時，我馬上就想起來了！

　　「這個會給錢喔！」

　　「我知道啊，老師說，去四天給五十塊（差不多台幣一千五），我和Grace都想去。」

　　GEMS/YES的全名是Gains in Education of Mathematics and Sciences/Young Engineers and Scientists，給小工程師和小科學家的數理教育，對象為六到九年級的學生，分別上三種難易程度的生技課程，希望日後能激發孩子對生物科學的興趣。

　　有趣吧？美國現在鼓勵小孩學習的新方式，居然是直接給現金耶！雖說這也太現實一點了，開了價碼後，小孩的胃口難保不會越養越大！不過能這樣給獎勵的單位，除了政府之外，一般私人機構大概出不了手吧？不至於會有同質夏令營競爭，要是真有競爭對手，能多讓小孩為了賺錢願意暑假還去上課，也是非常值得跟進的

教育計畫。

老美政府真是有心在辦教育啊！

主辦的單位是在鄰郡的美國軍方Fort Detrick，小女兒可以參加生技、環保或是機器人夏令營，她選了生物科技。四天內，每天早上八點半到下午三點，免費供應早午餐、拋棄式實驗衣和安全眼鏡，當然也有筆記本啦，所以就啥都不用帶，空手空肚子去上課就好。

要升七年級的小女兒被分在初級班，總共有33名學生，分成十組，每組有一位大學生當實習老師帶實驗，課程設計成一宗謀殺

生技夏令營

案，學員們必須在課程結束前，找出假裝是兇手的實習老師，小女兒每天課後都興奮地跟我提供線索。

《驗血型》

　　凶案現場有一個沾泥巴的大腳印，死者身高六呎四（193公分），男生，腳印比死者大，所以凶手應該也很高，我們都猜也是男生。老師給我們假的血跡樣本，要滴在兩個容器，然後分別滴三滴A抗原（anti-A serum）和B抗原（anti-B serum），看看和哪個會凝結，凶手就是那種血型；如果和兩種都凝結，就是AB型；都沒凝結就是O型。

《細菌培養》

　　用棉花棒在桌子和尺上擦幾下，塗在agar和ampicillin兩種培養基，然後放進培養箱，看看有什麼細菌會長出來？因為這是假裝的凶案，現場魚缸的魚全死了，我們要看魚缸裡是不是有什麼細菌？魚是不是因為細菌死的？可是我們沒魚缸啊，所以只能假裝在桌子和尺上找細菌，結果只有在agar培養皿裡有白色的細菌長出來。再把細菌塗在載玻片上，用紫和黃染色，放在顯微鏡下看是什麼樣的細菌：桌上的細菌有兩條尾巴，尺上的細菌圓圓的。

《指紋辨識》

死者的燒杯上有四枚指紋，像是凶手的指紋，可是看不清楚。我們也都有試蓋指紋，我的也看不清楚，老師說有一種看起來不完整的潛伏指紋（latent print），可以用磁力修復指紋上的脊點（ridge）來恢復原形。

《顯微鏡下的毛髮》

我們也用顯微鏡看每個人的頭髮，頭髮上的鱗片有三種：寬距離一段段的冠狀coronal、很密的脊形spinious和上下交錯的覆瓦狀imbricate，我的看起來很像覆瓦狀那種。可是因為我們讓凶手的頭髮在指甲油裡的時間不夠，就看不清楚是哪種鱗片。

《特斯拉線圈Tesla Coil》

是一種變壓器，運用磁力共振的原理發電，能把低電壓轉成高電壓，而且經空氣就能傳輸，頭髮因此可以飛起來。

《尖端放電Corona Discharge》

一種放電現象，讓空氣產生離子去吸附多餘的電子，可以減少靜電產生。

《頭骨特徵》

　　男女有別，特別是眼眶大小、眉骨、頰骨、額頭和下巴；不同人種也有不同的頭型。

《DNA的構造》

　　包括一種含氮鹽基（nitrogenous base，又稱為鹼基或是鹽基）：Adenine, Thymine, Cytosine或Guanine。

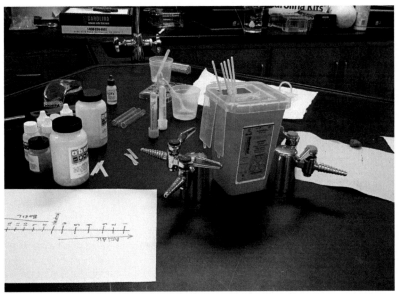

設備完善的實驗室

兩個骨幹：5-Carbon Sugar（五碳糖）和Phosphate Group（磷酸鹽）。

《DNA鑑定》

限制酶可以切斷DNA，可以用來判定個人不同的斷片組合。我們用微量吸管從六種來源吸出需要的DNA份量，放進六個試管裡：凶案現場和五個嫌疑犯。用藍色染劑染色，再把試管放進離心機centrifuge，讓裡面的液體攪拌均勻並沉澱到試管尖端，再用微量吸管取出，小心分別注入平放的膠片上固定的凹槽（跑電泳），這些DNA就會慢慢往下移動，大約一小時後，呈現出獨特的DNA線（DNA band）。

再小心把膠片外的兩片塑膠板拿掉，然後染藍色劑一分半鐘，把多餘的染劑倒掉，再用DI water（去離子水）穩定染色，重複此步驟到水清澈為止。

比照DNA band的結果發現，三號嫌疑犯的DNA和凶案現場找到的DNA完全相同。

《審問嫌犯》

請問認識死者多久了？案發當天你在哪裡？血型是哪一型？用DNA鑑定的結果最明顯，三號嫌疑犯是凶手，本來他還想狡辯，可是看到證據就沒話說了。

夏令營最後半天，除了讓每位學生上台領獎狀獎金以外，還開放實驗室給家長參觀拍照，讓家長對整個課程有個概念。上課地點在本地的一所技職高中，有完善的實驗配備，今年是軍方第二年延伸課程到本地學校，由於前幾年訓練出來的學生，最後從事生物科技的比例很高，軍方於是增加經費，預計明年把上課地點改在設備更好的社區大學，也希望能多開設更深入的課程，讓高中生也能參加。

　　主辦軍方每年口試歷屆畢業學員，成為夏令營的實習老師，實習老師大學畢業後，會有機會進入軍方的生技研究單位，是一個環節規劃非常完善的夏令營。

教養便利貼

　　不只是對小六至高一的孩子，連媽媽我，都覺得這個夏令營好深奧喔！不但有趣，能跟現實生活結合，還兼顧生物和動手做實驗，實在非常具有挑戰性。

　　而且如果感興趣，總共三年暑假，不同程度的課，都能持續報名參加。如此完整的配套措施，才能讓孩子對生物科技有深度了解，由政府和軍方支持預算值得借鏡。

18.選修大學課程

　　美國外來移民眾多，每年暑假總會有許多異國風情的文化日，許多具特色的攤販擺賣飾品或小吃，一個小樂隊加幾個音箱播放外語音樂……這些活動當然都會有贊助廠商，而廠商也會當場擺個攤子送小紀念品拉攏客戶，比方銀行、旅行社、保險公司或慈善團體。

　　通常，不同族裔有不同慶祝月份，亞裔在五月，端午節賽龍舟之時；西裔則是九月。我們住的小鎮亞裔不多，看過的風情日只有德國、西班牙和亞買加三種，去年意外閒晃到西班牙裔風情日，在祕魯小攤買了一對小耳環，墨西哥攤吃完墨西哥捲餅和烤玉米後，我瞄到一個很不一樣的攤販，居然是本鎮的社區大學！擺攤者明顯是亞裔，完全沒人造訪。

　　「妳好，對到社區大學選課有興趣嗎？我們有很好的生技課程喔！」

　　「喔，生技跟我女兒很想唸的遺傳基因有些相關，她應該會感興趣，但她現在只是高中生。」

　　「高中生也能來選課喔，尤其是我們這個暑修課計畫，每年只選二十名高中生免費上兩門大學生技課，相當於可以省下超過兩千

五美金公立大學的學費，要是念私立大學，就是一萬的學費喔！」

我整個人醒過來！「怎麼申請呢？」

「這是去年資料，大約每年二月開始接受報名，得回答幾個申論題，找兩位老師寫推薦信，若是被錄取，四月會收到通知。」

「這上面說必須滿十六歲，我女兒生日比較晚，差三個月，也能申請嗎？」

「別擔心，只要她成績夠，我們往年還收過九年級生呢！」

當時是九月，我小心收好資料，在月曆上寫下大紅字 "Bio. Feb."，然後開始跟女兒邀功。

「可是上面說如果修過AP Biology（進階生物課，相當於大學課程），就可以改上其他大學生物或化學課，我明年才修AP Bio.，明年再申請吧。」

「誰知道明年會不會有經費呢？現在景氣這麼差，先申請看看，萬一沒被選上，明年還有機會。」我總是往壞處想，好康當然是先佔了再說啊！終於，女兒在四處問同學，得知有許多人想申請，無形中鬥志增生，同意今年就試看看。

這個暑期生技學分班是社區大學2008年跟美國國家科學基金會NSF, National Science Foundation以及BRAC（Base Realignment and Closure Higher Education Fund grants）申請到的學術經費，除了贊助四年讓高中生暑假修課之外，也有教師進修課、增添研究配備和加蓋生技大樓，總經費高達八十五萬美金。

生技大樓是一棟五層樓的綠建築，結合太陽能、風力、地熱……等能源，十六間實驗室有最新生技儀器，剛好是大華府附近生技研究領域的延伸。

　　暑修班兩門課分別是大一生技BTC101、大一生物BIO113以及大一生物實驗課BIO113L，共七學分，一星期四天課，每天上五小時，總共上八星期，六月中到八月初，除了前後約兩週假期之外，整個暑假幾乎都要上課，即使如此，許多家長和高中生還是覺得值得，介紹會上擠滿整間教室，競爭激烈。

選修大學課程（照片擷自社區大學官網）

申請表上問四大問題：請敘述生技暑修課程如何跟你的長程生涯規劃相關？你希望從中學到什麼？高中實驗課中，最讓你感興趣的是什麼實驗？為什麼？其中涵蓋哪些觀念？在學習過程中，你的特長和弱點是什麼？生技有時會引發社會上和倫理上的爭議，在你的認知中，哪些是基因改造食品可能產生的貢獻和危害？

小孩的回答總是很簡短，雖說申請表規定，四個問題以12號字體單行列印不得超過兩頁，但女兒全寫好卻不到一頁！

「嗯，最讓妳感興趣的實驗，妳寫出來應該要很生動，也讓讀者覺得有趣啊，最好還跟生物有關，比方妳跟我說過那次解剖青蛙，只有妳敢動刀，多寫些過程多緊張，其他同學都害怕……再來呢，這題基因改造食品，當然不能只說不知道那是什麼？現在上網搜尋這麼方便，估狗一下什麼是基因改造食品？有什麼優缺點？至少說，雖然不清楚，但上網知道這些資訊，覺得很有趣，然後發揮一下想像力，寫寫如果給妳經費，妳會做怎樣的研究？許多發明就是靠想像力出來的，多寫一些吧！至少也要超過一頁。」

別責備我作弊幫襯，這種重要競爭還是有父母過目一下比較有勝算，否則沒申請上，倒霉的怎麼說都是父母，因為父母得多花金錢付學費啊！

老師的推薦信則有固定表格，填此推薦表格的老師必須是自然、科技、工程或數學老師，對包括學術、英數、寫作、溝通、領導、敬業、成熟度、性格、組織規劃力、好奇心、創造力、分析思

考、原創、智慧潛能……等等能力，給予五級評分，並說明此學生數理能力的優缺點，以及是否推薦此學生上大學生技暑修課。

表格後面還有不硬性規定老師得回答的問題：請問有用到任何跟生技有關的教學嗎？若有，請簡述課程大綱、請問對社區大學開設，針對高中老師的暑假兩週支薪生技製造課感興趣嗎？請問對社區大學如何幫助高中自然老師，提升學生對生技領域產生興趣的方法有何建議？感覺是要順便推銷社區大學開給高中老師的生計進修課。

老師寫好推薦表格後，可以直接寄至社區大學，或在彌封好的信封口上簽名，交給學生連同申請表格寄出，原意是不讓學生知道老師的填寫內容，以求公信。

從申請到得知結果有超過一個月的等待期，我從信心滿滿到憂心重重，因為申請表上說，只會通知被錄取學生。已過通知期限後，女兒卻沒收到任何消息！我寄email，又打電話給負責人，還是沒收到回音。

又等了一週後，我硬著頭皮直接打電話給授課教授，這次很快收到email，說：「很抱歉，妳女兒沒被錄取，因為有來自附近三州的競爭者，大家都很優秀，競爭非常激烈，請鼓勵妳女兒明年再試。」

噢！怎麼這樣？真傷心啊！沒錄取嗎？那這個暑假要做什麼？去醫院做義工嗎？來得及申請嗎？剛放學的女兒卻說：

「沒關係啦，明年再申請吧，我們同學沒人有說被錄取。」所以，小孩總是喜歡有同學一起參加活動，如果同學也沒申請上，就不會太傷心啦！

當天晚上，我輾轉難眠，跟凱說：「我知道人外有人，天外有天，可是實在很難接受牽牽被打敗，這種需要人為審核的決定，不單只靠成績，也需要運氣，我實在很擔心牽牽未來申請大學或找工作，能不能順利？」

「拜託，當事人都不傷心，妳想這麼多！面對現實吧，沒人永遠拿第一啦！再說，早點有失敗經驗，對她來說也是一種福氣。」

可是？怎麼可能？好吧，今年沒這運氣，明年再來！至少我不能在女兒面前表現很失望的樣子，這樣會打擊她的信心，那我該回信給教授嗎？至少簡短感謝告知吧。

隔日清晨，在送出email前，我想了想，又加上：「可以請問沒錄取的原因，是否是女兒不滿十六歲呢？」

「不是，年齡不是問題，主要是成績，許多其他申請者成績都很高。」

真的？成績？這不可能吧！女兒GPA超過4，等於是滿分，除非其他錄取者都是十一、十二年級，有機會選修更多大學AP進階課程，可以讓GPA超過4，嗯，也許吧，她有一位同學今年知道可以跳過普通生物，直接上AP生物。於是，我回答教授：「謝謝妳回信，我將鼓勵女兒明年修更多AP課程，讓GPA超過目前的

4.07。至於SAT，因為女兒是八年級時考的，相信她經過兩年，修了三角函數和微機分，數學分數應該能再拉高。」

結果教授居然馬上回信！「等等！妳說妳女兒GPA有4.07？不是2.9？」

「我確定，您也可以跟學校輔導室老師確認。」

然後，我居然收到教授立刻發來的道歉信！

「抱歉，我眼花了！對錯名單！您女兒有被錄取，昨天看錯了，實在十分抱歉！」

天啊！忽憂忽喜，太離奇了吧？心情起伏如此之大，令我無法置信！難道有可能是我死纏爛打的結果？還是真是教授眼花？不管怎樣，此事件給我的啟發是：絕對不要馬上放棄，反正電子郵件如此方便，厚臉皮糾纏一下，局勢也許因此逆轉！

上課免費，但是買課本就得自費，兩本規定採用的課本，總定價超過三百美金！嚇死人的貴！還好亞馬遜有二手書，即使想買新書，網站上有許多賣家售價比亞馬遜便宜一半以上，也都有帳號在亞馬遜下，其實也是不錯又安全的考量。我最後決定幫女兒買舊書，選了兩本網上據說看起來還很新的二手書，總共只花了五十美元。

女兒好友也被錄取，跟我問在哪買課本？我給她亞馬遜網址後，居然發現我買太早了！五月學期結束以後，會有大量二手教科書叫賣，價格居然剩不到美金十元！有需要的朋友，切記切記，想

買二手教科書不用急，五月是最好時機。

　　這兩門大一生技、大一生物與實驗上完後，此經費的下一個配套課程是實務實習，除了可以申請在社區大學新設的私人研究公司InnovaBio-MD實習之外，超有名的國家級實驗單位NIH（National Institutes of Health，國家衛生院）、NCI（National Cancer Institute，國家癌症中心）、MedImmune、Luminescent MD、Ft. Detrick美國軍方研究機構都是合作單位，可以上他們的網站看有無給高中生的實習計畫。

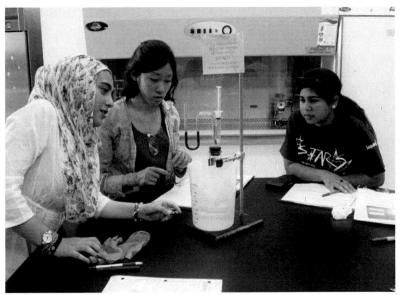

社區大學生技課學分（照片擷自社區大學官網）

InnovaBio設在社區大學內，上完暑修課的學員，可以在十二年級修課期間選修另一門"生技應用研究" BTC-102（Introduction to Applied Biotechnology Research），這門課基本上是實習課（internship），必須直接去InnovaBio做真正實務性的實驗，尤其是可以跟教授和研究人員共事，對高中生來說，將是不可多得的實務體會。

只不過，通常十二年級生仍有許多畢業要求的學分必須修完，如果想去社區大學修課，必須至少空出半天才能趕得上開課；再加上一般大學課不是每天都有時數，不上課的半天又很難排上其他課，取決之下，女兒決定放棄實習機會，打算留在本地高中多上幾門大學會承認的AP進階課。

同學中則有人選擇十二年級時，完全去社區大學上課，雖然馬里蘭州補助選修大學課程的高中生一半的學費，但每學分也還需自付美金三十七元，相對於完全免費的高中課程，選擇社區大學的學生算是少數。

教養便利貼

　　高中生怎麼說都還是孩子，總會偷懶不想填申請表、不想回答問題；在能影響的範圍內，父母還是辛苦點，幫孩子看看申請表格、問問申請結果，也算是日後申請大學的練習吧！

　　美國高中生能去社區大學修課，其實是個很棒的機會，雖然得自付一半學費，修的學分不見得每所大學都會承認；但對孩子來說，算是一個適應大學課程的時機；而且社區大學的課程偏向實用類，還能考證照，對一些不想繼續升學念理論課程的孩子，是個不錯能跟大公司建教合作的機會，也許是個台灣能借鏡的想法。

社區大學的暑假生技課網站http://hagerstowncc.edu/sites/default/files/printforms/12-bsi-application.pdf

19.校外實習賺大學學費

　　既然在普通高中上課期間，選擇校外實習的困難度很高，那麼暑假呢？只要離家不太遠，又沒有長期旅行計畫，暑假算是比較好的實習機會。

　　重點是，必須早點決定興趣，或者說決定大學要念哪門主修，不但在高中選課時，能清楚知道要選什麼；更重要的是，一旦領域相關的商家或研究單位有高中實習名額釋放出來，就可以馬上掌握機會，以後在申請大學的履歷表上，也算有實際工作經驗。

　　國家癌症研究中心（The Frederick National Laboratory for Cancer Research, FNLCR）離我家約四十五分鐘車程，某天去學校幫女兒報名駕訓班時，在學校走廊的公布欄上看見該中心開放暑假實習名額給高中生，我趕緊跟老師要了說明，回家上官網看詳細資料發現，這項實習的全名為The Werner H. Kirsten Student Intern Program（WHK SIP），是為紀念癌症中心已故副主任Kirsten博士而成立的高中生實習計畫。

　　此實習專門開給十一年級學生，暑假需在癌症中心實習八星期，十二年級開學後，每天到癌症中心義務工作三小時，可以拿到

三學分以及高達美金三千五的助學金！看起來非常吸引人！暑假還好，每天開車來回一個半小時，實習八小時，我可以接送；但十二年級每天去三小時，就等於得空出半天時間無法選課，這樣算因小失大嗎？

因為地利考量，這項實習計畫只開放給附近三個鎮的高中生，也就是說，能申請到的機會相對也不小，但我和女兒討論過後，還是放棄了。

去年女兒獲選免費在社區大學上七個生技學分的課時，教授表揚前幾屆修課學長姐在修完生技課後隔年，選擇在社區大學InnovaBio生技公司的實習課，計畫拿生技員執照，等於高中畢業就能拿到鐵飯碗！雖然社區大學離我家近多了，不到半小時，但同樣地，付一半大學學分費修三個大學學分，如果不想遲到，也得去掉半天的時間；留在高中選課則可以免費多拿兩門AP課，要放棄嗎？

別急，還有一位生技學分課的學姐更屬害喔，她拿到暑假在國家衛生研究院（the National Institutes of Health, NIH）的實習，這項實習（The NIH Summer Internship Program, SIP）為期至少八星期，可以續約至五年，每年提供一千多個名額給滿十六歲的高中、大學和研究所學生，每個月視學歷給美金一千八至三千多的助學金，此研究院算是美國最大的國家生物醫學研究單位，每年用掉政府百分之28的研究經費，有非常完善的配套培訓計畫，對還是高中的學生來說簡直是不可多得的好機會！

線上申請實習在每年十一月中開始，三月一日結束，可實習的實驗室包括馬里蘭、北卡、亞利桑那、蒙大拿、麻省和密西根；申請資料包括cover letter（短信）、履歷、成績單和兩封推薦信。網上不但有填寫需知可以參考，還有一個申請短片可看；表格送出後，除了被動等通知外，還可以主動跟有興趣的研究室聯絡，增加錄取機會。這個實習機會每年有超過六千人申請，包括高中、大學和研究生，只錄取一千多名，五月一日前寄出錄取通知。

老實說，雖然我的大女兒非常優秀，但她只是高中生，而且還沒畢業，競爭對象連研究生都有！更何況每個孩子都有惰性，空閒一定是先做喜歡的事：女兒們在我家喜歡看小說，在爸爸家則是看卡通，很意外吧？都十六歲了，還是愛跟妹妹看整天卡通！雖然她很自律，總會先做完功課，但忘性也大，提醒她要開始找暑假實習機會，她找了幾天就忘了！

大學學費的重擔怎麼說，都是架在父母身上啊，這種事還是家長多費心吧！所以，整個實習申請都是我在監控：有哪些實習機會？需要什麼資料？期限何時？跟研究室聯絡了沒？結果如何？沒好消息就繼續多聯絡其他研究室……

寫短信和履歷也不能馬虎，當然要請老公幫忙潤稿，如此忙亂已過三月，信箱裡只有拒絕信，卻沒有一封接受信，我開始慌了！

「妳試過中國人研究員嗎？不是我有種族歧視，中國人研究員用妳的機會好像比較大喔！」

也許真是巧合，女兒真的收到一位中國研究員的面試通知！

「他沒說來自哪裡，只說太太也是從台灣來的，而且如果沒收到我給的短信，還不知道自己今年可以雇用實習生喔！」

就這樣，運氣總是很好的女兒拿到暑假在NIH的實習機會，好幸運喔！

NIH的網站上，不僅有上述如何申請實習的短片、填寫實習表格的須知，還有許多拿到實習資格後可以參加的學術活動，比如每星期一小時的論文討論會Journal Club；主持討論會的教授或資深

癌症中心「海報日」（照片擷自NIH官網）

研究員，會事先發給上網報名參加者計畫研讀的論文，大家先在家看完，當天聽完講解大綱後自由發問。

Presentation是每星期安排幾個實習生上台介紹實習中的實驗，必須製作幻燈片，並作八分鐘介紹，總共也是一小時，可以自由參加。

Poster Day則是八月初實習進入尾聲時，給所有實習生公開介紹成果的海報展，雖然也是自由參加，但多半實習生都會把握此機會推銷自己，以便拿到明年繼續實習的機會。海報展活動盛大，展

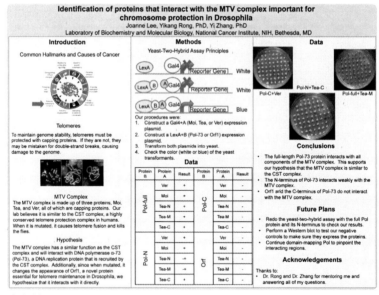

牽牽製作的海報

覽場地佔了兩層樓，分三個時段舉行：早上九點至十一點、中午十一點至一點、下午一點至三點，將近七百六十幅海報，實習生用Adobe軟體做好海報後，NIH有機器可以幫忙免費印出三呎乘四呎的大海報，有些實驗室更有護背設備，印出的海報非常專業。

教養便利貼

去大型研究室對高中生實在是很難得的經驗，可以見識到研究中心的實地作業，也能體會做實驗之後必須的討論和現場報告，可以認識來自全國各地的優秀學生，算是人生規劃裡不小的衝擊！

女兒在這次實習中的收穫不僅是在學術上，因為每天得早起搭地鐵和火車上下班，也得注意上班儀容，對自己份內工作負責⋯⋯就像是已經踏入社會似的，非常難得的獨立訓練。

NIH就如台灣的中央研究院，現今台灣政府忙碌教改，改變進大學的方案，也許很重要；但是如果能聯合其他研究單位或是大型廠商，提供實習機會給高中生，其實是更棒的升學配套措施。

癌症中心實習網站http://ncifrederick.cancer.gov/Programs/Student/
NIH實習網站https://www.training.nih.gov/programs/sip

美國高中在教什麼？

Part 5

財務獨立觀念的訓練

從小給零用錢，訓練財務獨立，是許多美國家庭使用的方法，我沒套用，然而兩個女兒上高中後，打工、申請獎學金得到的金錢都進了她們的戶頭。賺的錢雖然不多，但個人想要買的用品、或是想參加同學的生日會、想跟同學出去看電影…就堂而皇之可以自己買單，不必徵求父母同意，也算是小小的訓練理財的機會。

20.申請各種獎學金

　　女兒在「未來領袖競賽」的商業數學類拿到全州第二名後，我正為一千美金的旅費傷神時，突發奇想，寫了封信跟台灣在美辦事處申請補助，結果被以無此獎助名目拒絕，但是辦事人員李小姐不僅非常熱心的自掏腰包，還多方推薦台灣在美國的商業或學術協會，素友會便是其中之一。

（1）素友會獎學金

　　素友會的英文名稱是Rho Psi Society，源於1916年的康乃爾大學兄弟互助會，意涵秉持純友誼的信念，發揚華人間的互助精神。1965年新創贊助青少年的獎學金基金會，並鼓勵歷屆獲獎者在學成後加入，以提拔後進。

　　獎學金分成五大類：給一至十二年級的運動獎學金、九至十二年級的科技及才藝獎學金、十一、十二年級的青年領導服務獎學金、十二年級的升學補助獎學金。基金會每年資助數十位得獎人五百至兩千美元，不過，僅限居助於馬里蘭、維及尼亞及大華府地區

的華人子弟。

　　申請期限通常在一月或三月底，一次可以申請多項，但只限領一項最高獎金。我和大女兒討論過後，決定申請青年領導服務及科技獎學金兩項。青年領導服務獎學金只需交一篇兩頁的論文，申述對社區服務的經歷，以及在社區服務中獲得的啟發。

　　科技獎學金則比較困難，需要交一篇最多十頁的科學報告，如獲進入前十名的決賽，則需製作海報，在頒獎當天接受現場提問後決定名次。雖然這項看似艱難，但因此打退堂鼓的參賽者也不少，所以

獲得素友會科學獎學金

勝算較大，況且期限之前正好放春假，我於是極力慫恿女兒參加。

前面說過了，大女兒非常非常聽話，果然在春假中上網看研究報告，寫出一篇九頁的「檢視攝護腺癌中，幾項生物標記的有效性（Evaluation of Effectiveness of Several Prostate Cancer Specific Biomarkers）」，哇，很嚇人吧？我連什麼是生物標記都不知道！

「就是基因，我在一個網站看到幾個寫科學報告的有趣主題，就選了這個，上面說可以用癌症中心提供的軟體，看各種基因的組合和生物標記……我就想：那麼拿癌症病人的基因和正常人的基因做比對，是不是能看出有什麼不同？也許可以當作檢查癌症的方法之一。」

嗯，好聰明的小孩喔！我一直對這個女兒的頭腦相當佩服，而且又肯花額外心力，在同學都放春假大玩特玩時完成報告！這樣的毅力和配合度太難能可貴了！這種小孩不多吧？她一定得獎！

果然，女兒進入決賽，但接下來得在四天內完成一張海報。美工可就不是女兒的特長了，我捉刀幫她印出她事先擬好的大綱，拿出女兒小學時回收的海報紙板，剪貼完工，當時還非常自豪，覺得自己的美工還可以！可是前一天卻收到主辦考官的電郵，請女兒列出協助完成報告的學術機構。

「哪有學術單位協助啊？我是自己寫的啊！」我開始覺得不妙！是不是其他人都有協助單位啊？有研究室和教授幫忙，那麼研究報告就很不同凡響耶！不過，進入決賽至少就有前十名，最低獎

金也有五百美金啊,才第一次參加,很不錯了啦!

原本官方網站說會有十人進入決賽,女兒檢查電郵,發信時只給了九人!而當天帶海報來的,只剩五人!可見能堅持到最後的是少數中的少數,只有一半。

這五人全是女生,四人寫生醫報告,一人跟物理有關,只有我女兒沒有學術單位協助,其他都有大學實驗室的指導教授,而且已經在大學修課!更讓我們覺得羞愧的是,她們的海報全都像電影海報那樣,是給專人整張列印出來的,好專業喔!有人的報告甚至已

凱和牽牽合影於參賽海報前

經在期刊發表了，我頓時冷了半截！

「別緊張，才五個人，妳至少保證有第三名，一千美金可拿。」我故做鎮定跟女兒安慰，獎學金單位說：第一名一人，第二名兩人，第三名三人……所以，即使最後一名，也能撈到第三名！

除了牽牽之外，父母都是從對岸來的，而且完全沒有科技背景，這些女孩全都自助，有的自己在網上找到免費在MIT麻省理工學院線上註冊上課；有的是去年申請獎學金時被教授看上；有的是去大學修課時的研究報告……只有我家女兒，草草上網看幾天研究就湊成一篇報告，而且其他人台風穩健，全都能侃侃而談，女兒站在克難剪貼拼湊成的海報前，聲量非常小，完全沒有演說訓練。

不過，她還是超厲害啦！最後一名還是有一千美金可領，青年領導服務獎學金也得到佳作。

「還好不用發表感言。」女兒鬆口氣說。

（2）亞裔獎學金AASuccess scholarship

在申請素友會獎學金時，我剛好看見另一個越南移民設立的獎學金AASuccess scholarship，不限族裔，但亞裔移民子弟優先。須要寫一篇兩頁的論文，每年有不同題目，今年的題目是「如何運用兩百美金的經費改善社區？」參賽者限八至十二年級生，所以小女兒也能參加。

大女兒希望用經費買建材，修繕社區廢棄的學校大樓，改為活動中心，並邀請商家設立攤位，每年辦小吃和舊貨拍賣的社區活動。人力則由高中生畢業需要的社區服務時數而來，收入是商家或擺攤者交的場地費，所以，兩百美金的起始經費可以年年增加，源源不斷。

　　小女兒則提出辦回收推廣活動的構想，居民捐獻的回收物資可以換經費買來的購物袋或是其他回收製品，延請更多回收廠商提供贈品或現場演講，推廣回收觀念。收入則是變賣可利用的回收物資，比如金屬類。

　　我看完兩人的文章後，建議女兒們增加希望藉此活動提高全民參與改善社區的意識，信念是所有成功最重要的動力……這類嚴肅的理念，大女兒很聽話加了一大段，小女兒則很不屑，不願配合，結果大女兒進入初賽，小女兒則第一關就被刷掉了。

　　這是個越南社區提供的獎學金，網頁上有超過一百家越南餐廳或旅行社這類小商家贊助，大女兒的論文當然很吸引人，但是第二關是面試，得先參加兩小時的演講訓練，然後說明各自的論文計畫，再接受提問，牽牽在這關被刷下來。

　　公開演說很難訓練，幾乎是天性，內向安靜的孩子如大女兒，原本就很少在學校發言，極力建議：訓練孩子說話的音量，回答問題盡量有系統，能帶入個人的優點，引起考官的興趣，總之，不管多優秀，一定要讓人知道才行啊！家人能幫忙的，就是模擬問答訓練，聽到問題能臨危不亂，不會一片空白，就成功一大半了。

雖然獎學金的金額不大，不到一千美金，但如果每年申請，也能存個好幾千，不無小補。

（3）美台公民協會獎學金

素友會的獎學金是為所有華裔學生設立的，而美台公民協會（American Citizens of Taiwan Origin, ACTO）獎學金，很明顯的，就是只給父母來自台灣的學生申請，得到補助的機會很大。

十二年級的應屆高中畢業生，繳交成績單、履歷、一篇論文，期限在每年十月一日，頒獎日是隔年五月，可得到美金五百及一面獎牌。也有給大二、大三學生的一千五百元獎學金，期限和要求相同，頒獎日及地點也相同，都在華府，是我們參加素友會獎學金頒獎時得到的資訊。

其他地區如加州澄郡、洛郡及舊金山區，有台美公民協會獎學金（Taiwanese American Citizens League, TACL），申請期限在每年四月，獎金為五百至六百，同樣需要交成績單、履歷和一篇文章。

波士頓台美基金會（Taiwanese American Foundation of Boston, TAFB）則有專門獎勵跟台灣有相關研究的獎學金，申請人必須是大三學生，獎金三千；或是研究所學生，獎金六千。

這些都是屬於華人社區的地方獎學金，多注意地方新聞，應該能得到所居地區特別的資訊。

（4）蓋茲千年學者計畫

此計畫由比爾蓋茲贊助，Gates Millennium Scholars (GMS) Program每年選出一千名少數族裔優秀高中畢業生，資助他們完成大學學業，申請期限是一月，必須有提名人填表格及推薦信、填寫超過十個問題的短文，也需要申請聯邦補助Federal Student Aid（FAFSA），並通過Pell Grant的低收入要求，主修電腦、科學、教育、工程、圖館、數學或公共衛生。

一同贊助蓋茲計劃的亞裔基金會（Asian and Pacific Islander American Scholarship Fund, APIASF）也提供專給亞裔的獎學金，期限在一月，也必須同時申請聯邦FAFSA補助，不足的金額才由基金會補足。

這兩項獎學金都很難得到，但讓孩子試試、多寫文章，也許運氣就來了，誰知道呢？

（5）學校輔導室通訊

美國學校輔導室通常也有許多高中生能申請的獎學金網站，填入電郵信箱後，會固定收到更新資訊。多半是給十二年級生，金額更小，因為是給全國申請的，不過名額也多，比如看完Ayn Rand

的小說後寫讀後心得，每年選出六百名得獎人，分得美金二十五至兩千的獎金，八年級以上、甚至研究所的學生都能參加。如果孩子只要寫篇文章，就能賺個幾十幾百美元，多鼓勵孩子嘗試，也是個不錯、能訓練孩子獨立，又為自己未來求學負責的好方法。

教養便利貼

　　家庭教育的目的就是人格培養，孩子必須有感恩的心；父母盡量提供生活所需，但沒義務幫孩子出所有的大學學費。早點讓孩子培養責任感，對自己的未來負責；如果寫一篇文章就能得到幾十、幾百美金的獎學金，感覺並不比打工難啊，至少不用自己先花交通費喔！

素友會獎學金http://rhopsi.wordpress.com/2012/01/11/rho-psi-2012-youth-scholarship-application/
亞裔獎學金AASuccess scholarship http://www.edencenter.com/blog/2013-aasuccess-youthcon-scholarship/
ACTO美台公民協會獎學金http://www.actous.org/pub/LIT_2.asp
TACL台美公民協會獎學金http://tacl.org/programs/scholarship/
波士頓台美基金會獎學金http://www.taf-boston.org/chinese-v2.htm
蓋茲千年學者計畫獎學金http://gmsp.org/
亞裔基金會獎學金http://apiasf.org/scholarship_apiasf.html
Ayn Rand小說讀後心得比賽http://aynrandnovels.org/essay-contests.html

21.申請聯邦補助與貸款

Federal Student Aid（FAFSA）

　　所有學校都會要求父母填一份免費的「聯邦助學申請表」FAFSA（Free Application for Federal Student Aid），以便做為聯邦政府和大學給獎學金的依據。裡面鉅細靡疑問到去年的報稅資料、房產投資、以及家中是否有其他人正在上大學。填好送出後，會收到約略估計將得到的聯邦補助Pell Grant和低利貸款額度，以及父母須負擔的差額。這份表格每年一月開始開放填寫，等當年的報稅資料出來後，必須上網更新；三月一日通常是許多大學的截止日，每個州不同，如果無法在此之前更新資料，錄取的學校只能依之前上傳的FAFSA預估獎學金，但最終還是要以最新的報稅資料為主，這份資料只有是監護人父母的一方須要填寫。

CSS/Financial Aid profile

　　私立學校，尤其是名校，還會要求另一種表格CSS/Financial

Aid profile，這份表格由主辦SAT的CollegeBoard提供，每年的十月一日開放填寫，會問更細節的財力問題，比如：小孩帳戶內的存款、教育基金以及父母的銀行存款、各種投資和退休金。父母離異的話，監護人父母和非監護人父母都得填，網上說須要送件的第一家學校付$25，每增加一所多收$16，可是我填Noncustodial PROFILE（NCP）被要求交$25，後面增加的學校不收費；前夫填CSS Profile第一家收$16，後來每家收$9，不清楚為什麼。

教養便利貼

　　並非低收入戶才能申請聯邦補助，所有想申請獎學金的學生都必須填FAFSA；大學許多各自的小獎學金，也會以填寫內容決定是否給獎學金；即使沒拿到獎學金，也有可能得到低利貸款，對龐大的美國大學學費來說，不無小補。這方面，住台灣的孩子就太幸福了！台灣大學學費不高，只要想念都付得起，這樣的平民學費，真是台灣教育最棒的措施啊！

FAFSA https://fafsa.ed.gov/
CSS/Financial Aid profile http://student.collegeboard.org/css-financial-aid-profile

22.打工

　　「媽媽！我和妹妹發了好多當家教和保母的傳單，得到一個家教機會，教英文一小時美金八元，一星期兩小時，馬上開始喔！」

　　美國的孩子從高中起就會想積極打工，賺的錢雖然不多，但個

在家門口擺攤賣舊貨賺零用錢

人想要買的用品、或是想參加同學的生日會、想跟同學出去看電影……就堂而皇之可以自己買單，不必徵求父母同意，也算是小小的訓練理財的機會。

要注意的是，除非是私下的家教或保母，或是幫鄰居割草……等，可以拿現金的零工，否則未成年孩子找兼差是需要事先通過勞工局核准的。再者，馬里蘭州規定，十四至十七歲未成年孩子，必須已經找到工作才能申請工作許可（Work Permit）。

得先去輔導室報到，輔導老師會給一份簡單流程，告訴學生去州立勞工局（Maryland Division of Labor and Industry, DLI）的網站列印工作許可申請表，填好後給雇主和家長簽名，再上網填另一份表格，印出後連同前一份申請表及出生證明交回輔導室，就能拿到工作許可，交給雇主，才能開始打工。

有些工作單位還會要求健康檢查報告，也有特定表格給家庭醫師簽名；也可能有交通補助，所以最好事先和人事處聯絡，知道有哪些福利和要求，先把捷運卡或是火車、公車卡辦好，就不用為打工期間的車馬費傷神了。有些大型公司的義工，即使不支薪也可能負擔交通開銷，多詢問相關福利絕對是明智的。

Internships.com是一個提供免費打工配對的網站，上網登記送出履歷後，站方會有電話約談，如果受錄用，得先登記適合時段上網上課：確定清楚家教和學生的合法互動範圍、學習授課絕竅、如何讓學生聽懂、引起興趣……等等。上完課後便能正式簽約，可

以要求家教路程範圍、家教時段、科目，若有意願內的學生，則會電話聯絡約上課時間和地點。被教的一方必須上網付費，當家教的學生則由Internships.com付固定小時費，每小時十二元美金，這算是不用自己貼廣告就能賺錢的不錯方法喔！

教養便利貼

通常最容易找到打工的機會，就是餐廳服務員、便利商店或是百貨公司的店員，這些工作可以直接去店裡詢問是否有缺，雖然只能拿到最低工時的薪水，但是能培養孩子服務的態度、面對客戶不慌不亂的開朗訓練，其實是個有薪水領、不錯的待人接物課程。

不用怕讓孩子面對現實經濟壓力，甚至讓孩子清楚家裡的財政困難，能因此懂得惜物、善用金錢、學習分擔家境，才能懂得父母的辛苦，才能感恩。

馬里蘭勞工局http://www.dllr.state.md.us/labor/wages/empm.shtml
Internships.com http://www.internships.com/internships-major/Paid?
gclid=CJaurs7Iwr4CFaZlOgodq3YANQ

Part 6

美國大學申請流程

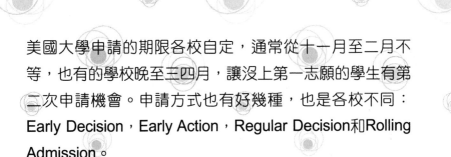

美國大學申請的期限各校自定，通常從十一月至二月不等，也有的學校晚至三四月，讓沒上第一志願的學生有第二次申請機會。申請方式也有好幾種，也是各校不同：Early Decision，Early Action，Regular Decision和Rolling Admission。

23.申請美國大學要注意的事

　　首先得上網查全美大學排名，網上會列出各校學費、學生人數和特色，選出錄取難易不同等級的學校至少五所，只有四所可以免費寄SAT和AP成績，其他就得付費。

　　記得注意交SAT成績的期限，如果想趕上升十二年級的十一月截止那一批，那麼十一年級結束的六月第一個星期六是最後一次考試機會，因為暑假完全沒有試程。再者，如果要加上重考，第一次考SAT的時間便要再往前推。許多大學還會要求兩科SAT學科成績，學科一年只有六次考期：一、五、六、十、十一和十二月。

　　前面提過，美國大學申請的期限各校自定，通常從十一月至二月不等，也有的學校晚至三四月，讓沒上第一志願的學生有第二次申請機會。申請方式也有好幾種，也是各校不同：Early Decision, Early Action, Regular Decision和Rolling Admission。

各種不同的申請方式

　　Early Decision：一般來說，Early Decision和Early Action

的截止日是十一月一日，Early Decision最嚴苛，屬於「有拘束力的承諾」（Binding commitment），比方長春藤盟校和一些排名前二十的名校，申請這些學校Early Decision的學生，不得同時提早申請其他學校的Early Decision或Early Action，而且如果學校錄取你，一定要接受，不得拒絕，就是以他為「唯一的第一志願」，不管學校給不給獎學金或是給很少獎學金，還是得接受，申請時學校要求簽的約上明顯註明：「不遵守則形同毀約，學校有權要其他學校取消你的錄取資格。」

雖然很多人質疑：學校會真的花時間精力逼學生接受？勒令不准去其他學校？但不管怎麼說毀約就是失信，美國是個講信用的國家，簽約之前還是考慮清楚，不要事後背信。如此的規定讓學校省下決定名額的問題，所以約百分之四十的錄取新生都是以他為第一志願，也就是說，如果你不選他為第一志願，只能爭取剩下百分之六十的入學名額。

Early Action則是「不具約束力的承諾」（Non-binding commitment），被錄取不一定要接受。但也分兩種：哈佛和Princeton屬於「有限制性的但沒約束力的承諾」（Restrictive Non-binding Early Action），也就是「唯一志願」（Single-Choice Early Action），被錄取不一定要去念，但不得同時申請其他私立大學的Early Action。

「無限制無約束力的提早申請」（Non-restrictive Non-binding Early Action）則是可以同時申請其他Early Action的學校，也可以拒絕錄取，Georgetown University屬於這種，但規定不能申請Early Decision的學校，因為如果被Early Decision的學校錄取一定得接受，等於直接拒絕Georgetown，對Georgetown來說不公平。

許多公立大學也有Early Action，也是沒限制沒約束力，學生可以同時提早申請他校，也可以拒絕錄取。大致來說，公立大學都希望越多學生申請，所以不會有任何限制。再者，公立學校給獎學金的經費有限，如果網頁上有註名早申請取得獎學金的機會和數目較多，那麼一定要記得申請時勾選Early Action，千萬別以為只要提早申請就好，勾選Regular Decision沒關係，那你就錯了，因為女兒便因此只拿到五千美金的聯邦補助，一毛錢學校獎學金都沒有。

通常，對於Early Decision和Early Action這些提早申請的學生，學校會在十二月十五日之前通知錄取與否，沒被錄取可能有兩種結果：一種是deferred to Regular Decision，其實沒被拒絕，而是延後跟一般申請「Regular Decision」的學生一起再審核；另一種才是拒絕rejected。

Rolling Admission「隨到隨審」算是最不具壓力的申請方式，採這種方式的學校公私立都有，截止日從十一月一日至三月一日不等。學校通常會在收件後六星期內回覆錄取與否，這是個讓孩子有定心丸的申請方式，提早知道有學校念比較不會心慌。可惜女

兒對有「隨到隨審」申請方式的學校不感興趣，而我一來對她信心滿滿，二來知道有此方式時已經太遲，沒能趕上此特快車。

其實採用「隨到隨審」的學校不一定是二流學校，全美排名37的Pennsylvania State University、排名68的Purdue University、排名75的Baylor University，都是值得考慮的學校。

Regular Decision的截止日從一月一日至四月一日都有，甚至有的沒有截止日。收到錄取與否的通知時間也有早晚，可能四個星期，也可能兩三個月。名校幾乎都故意很有默契的選在三月底、四月一日前通知；如果沒被當場錄取，可能被排成Wait List，得等到五月一日後，被錄取的學生已經回覆會去註冊並繳了訂金，學校確定還有多少空缺後才會通知。通知的時間也不確定，也許再等一兩個月，所以一般來說，如果被學校Wait listed，千萬別抱任何希望，最好趕快選一所確定錄取的學校先報名，保證有學校念再說。

申請平台

進入想申請的學校網站後，就會發現每所學校各有不同的規定，有些有自定的申請表、有些則可以上網路的免費申請平台登記，最普遍的是以下兩種平台：

Common Application：要求電腦的作業系統必須是最新的Chrome, Firefox, IE9或Safari 5.1，進入該網站申請帳號後，就能

開始填寫履歷……等基本資料，然後選擇接受此種申請方式的學校。所有學校的各種截止日、申請費用、要求哪種入學考試、是否要求另外交作文、是否要推薦信……都有詳細列表，並會自動提醒還有哪些文件未交。

平台是免費的，填一次資料就可以用來申請許多學校，也能申請獎學金，選用此平台的學校超過五百所。

Universal College Application：能用此平台的學校目前只有43所，而且這些學校多半也接受前一種平台Common Application。

儘早遞件

雖然學校的截止日最早是十一月一日，但開放申請的日期通常是九月一日，尤其是「隨到隨審」的Rolling Admission，先申請的學生如果被錄取，學校的名額就開始滿了，晚申請可能就沒機會進去。即使不是隨到隨審，也最好不要等到最後一天才遞件，必須讓學校有時間回覆所有文件都完整沒問題，萬一有缺件還有時間補寄。

教養便利貼

　　申請大學是孩子的人生大事，雖然說，孩子必須獨立、必須自己能控制時間、了解申請程序；但是萬一有疏失，剛好沒學校念，苦惱的就不只是孩子了。所以，父母私下了解狀況，提醒孩子期限，還是很有必要。很多時候孩子忙高中課業，其實沒太多時間看各校規定，多半都是同學間彼此傳授訊息，但有些訊息是錯誤的卻不知道；或者同學並沒誠實以告，父母如果能多了解，也算是多一層保障。

Common Application: https://www.commonapp.org/Login

Universal College Application: https://www.universalcollegeapp.com/

24.考慮贊助「全國資優生獎學金」的學校

　　競爭「全國資優生獎學金」（National Merit Scholarship）的考試PSAT在十一年級的十月中舉辦，十二月初收到成績，但得等到隔年十二年級的九月初，才能知道是否進入準決賽，隔年二月通知是否進入決賽，而能成為「全國資優生獎學金決選人」（National Merit Finalist）。這個從前給全額獎學金的比賽，根據簡章上的描述，現在除了少數幾所贊助學校給近乎全額獎學金，其他贊助學校或機構只會給每年兩千至一萬美金，而且不是所有決選人都能拿到。

　　簡章上說，一萬五千名決選人中，只有最後八千三百人會有獎學金。父母在贊助公司工作的話，可能給每年五百至一萬；選擇贊助學校為第一志願的話，大學四年每年約五百至兩千美金；如果這兩種都沒拿到，最後的機會則是主辦單位給的一次性，兩千五百美金。

　　看到這裡，其實就對此獎學金比賽非常失望了！因為我們都沒在任何贊助公司工作，而贊助學校如果沒給全額獎學金，那何必選他為第一志願呢？也許碰碰運氣，最後能拿個兩千五百美金就要偷

笑了吧？女兒的學長就一毛錢都沒拿到。

我們於是都不把進入這個獎學金決選人當回事，直到二月底，參加馬里蘭大學（University of Maryland, Baltimore County, UMBC）的獎學金競賽後，才發現情況不對。

UMBC的Myerhoff獎學金必須由學校輔導室推薦申請，申請名額有限，不對外公開。女兒學校的輔導老師為了不傷學生的心，問學生有誰想申請？並說這是一個包括學費住宿的全額獎學金，全校只有女兒和另一名女同學舉手，據說全美申請人共有九百多人，只有一百五十人被選上面試徵選，最後約五十人可以拿到獎學金。

兩天的獎學金競賽，包括簡介和面試。剛開始我們對集中這些特優學生上課，並且有新生暑期班覺得很誘惑；可是第二天的校友說明，卻讓我們突然意識到怎麼超過一半是非裔學生呢？去年更只有一名是亞裔！這樣的數字怎麼看都不對勁吧？原來這個獎學金剛開始是專給非裔學生的，近年才開放給所有學生，而且因為經費短缺，現在已經不給全額了，而是分三種等級：五千、一萬、一萬五，即使拿到最高額的每年一萬五獎學金，面對學雜費和住宿加起來每年兩萬五的費用，我們每年還得自付一萬美金！花一萬美金去念全美排名只有一百五的學校，值得嗎？

這對以此校為墊底學校的女兒來說，簡直晴天霹靂，等於不用考慮了！可是當時已經是二月底，幾乎所有學校的報名都截止了，怎麼辦呢？

教養便利貼

　　第一個孩子對父母來說，什麼事都完全沒概念，包括申請大學；外子的經驗也是三十多年前，許多規定都變了。我和女兒犯下的錯誤是太自信，以為以女兒優異的成績、全鎮唯一的全國資優生獎學金決選人、優異的課外表現，申請名校拿獎學金絕對沒問題；可是因為沒仔細看各校的招生簡章，以及各校的獎學金特色，而平白失去申請其他學校的機會。

　　切記：如果家境無法負擔孩子每年一兩萬美金的學雜費，申請大學的功課一定要仔細做啊！

25.留意學校寄的廣告信

報考SAT的時候，官網上有許多有關興趣的問題，提供學生及學校配對，如果考出來的SAT成績不錯，就會開始收到許多學校的廣告信，甚至紀念品。

因為女兒是資優生獎學金候選人，許多贊助此獎學金的學校大量寄簡介給她；我們剛開始沒什麼注意，因為都不是女兒想申請的學校，所以頂多留下紀念品，其他全部回收。有一次意外看見 University of Texas at Dallas（UTD）寄來學雜費全免之外，每年八千美金的獎學金！這才突然驚覺：贊助學校並不是像SAT官網上說的，每年只會給不到一萬美金的獎學金囉！

有可能會拿幾乎全額的獎學金耶！那學費全免之外的八千，剛好可以付住宿啊！於是，我把這封信特別收起來。隔了一陣子後，又收到University of Oklahoma（OU）寄來類似待遇的信，兩所學校都是針對有資優獎學金資格的學生。

三月底放榜後，女兒幾乎算是慘遭滑鐵盧！除了馬里蘭大學確定錄取之外，有兩家備取，五月之後才會通知正取與否，其他全拒

絕；但馬大只給五千美金獎學金，一萬美金低利貸款，我們每年還得自付一萬五！

我想到之前保留的信，那麼，如果UTD和OU願意給這麼優渥的條件，應該也有其他學校會跟進吧？沒錯，上網搜尋後發現College Confidential上有長長的名單！

名單上的學校提供幾乎全額的獎學金給進入資優生獎學金半決賽的學生，有些是只要申請便自動拿到獎學金，有些則有名額限制，有些更限制必須是本州學生，還有學校把給獎學金的人選擴大至只要SAT或ACT前兩部分達到高中低三種標準，便給不同等級的獎學金，例如很有名的Baylor University，可惜申請期限是三月一日，已經過了，雖然Baylor說可以打電話詢問，但也同時說，獎學金的金額可能所剩不多。

怎麼辦呢？

休士頓大學（UH）這時也打電話來，提供包括學費和住宿的全額獎學金，另外還給每年兩千美金的零用錢，加上有機會能申請直升Baylor醫學院的聯合計畫（Joint Program），申請期限跟OU一樣，是四月一日。

可是備取學校要等到五月以後才會通知啊！兩所備取的名校Johns Hopkins和Washington University in St. Louis，每年的學費加上住宿都超過六萬美金，即使是資優生獎學金得獎人，也只會拿到每年兩千五百美金的補助；如果家境清寒，也許再加上幾千美

金的聯邦補助和上萬的低利貸款，然後呢？還有超過一半得自費，四年畢業後的負債將會超過美金十萬！

好嚇人喔！要是家裡不只一個孩子，真的就是傾家蕩產給孩子念大學了！

有必要為名校花如此高的代價嗎？我和女兒討論後的結論是：不等了！給全額獎學金的學校這麼有誠意，想必學校有不錯的師資，想抬高排名，去這樣的學校被老師重視的機會，絕對比去「我們讓你進來算你運氣」的學校好吧？

OU在US News的排名雖然只有101，但是比UTD和UH高，是Oklahoma全州最好的學校，能拿到的資源應該比較多，女兒最後決定去這所公立學校。

教養便利貼

美國的名校大學和台灣不同，是私立學校；而私立大學的學費是公立大學的四至五倍，感覺有點像是歧視中低收入戶；雖然名校的文宣都強調會給獎學金，但是申請美國大學還是最好有最壞的打算，多申請幾所公立大學。

無法負擔孩子念心中的名校，或多或少絕對會讓父母覺得愧疚；但話說回來，這不正是讓孩子懂得取捨、為別人著想、不自私的最好機會嗎？

Public Universities for National Merit Scholarship Funding: http://publicuniversityhonors.com/2013/04/20/best-major-universities-for-national-merit-scholarship-funding/

Large scholarship awards for National Merit Semifinalists and Finalists http://talk.collegeconfidential.com/national-merit-scholarships/136920-full-rides-for-national-merit-finalists-scholars-p22.html

26.要名校還是要全額獎學金

　　如果是一萬五千名「全美資優生獎學金決選人」之一（National Merit Finalist, NMF），但父母沒在贊助公司工作，就無法以贊助公司名義得到National Merit獎學金；雖然還可以在三月一日開始選擇一所贊助學校為第一志願（First Choice），但近年來許多名校都從此獎學金競賽退出，如果不想去任何名單上的贊助學校，則可以等主辦單位於三月二十七日寄出的一次性兩千五百美金，約兩千五百名得主的名單後再決定。

　　若三者都落空，那麼很抱歉，即使你是全美前百分之一的特優生，也無法得到一毛錢的資優生獎學金！

　　University of Oklahoma是贊助學校之一，提供全額獎學金的條件是必須為資優生獎學金決選人，而且必須在五月三十一日獎學金主辦單位的期限之前選它為第一志願；如果之前選了別所贊助學校可以更換，從此成為獎學金得獎人（National Merit Scholarship Winner），可以榮獲「資優學者」（National Merit Scholars）的稱號。

　　這些非名校為了爭取成績優異的學生，不僅給包括住宿的全額獎學金，還提供兩千美金的海外交換學生計畫（Study Abroad）、

兩千美金的電腦書籍雜費，並且有特別的榮譽學院（Honors College）、特別開放研究生課程、特別的宿舍給這些學生；如果想參觀校園，學校也會安排免費旅館，非常有備受禮遇的感覺。OU全校有超過七百名資優獎學金得獎人，是僅次於University of Alabama收最多NMF的公立學校，每年因為經濟不景氣的關係，選擇念此校的資優生獎學金決選人年年增加，2014年更創新高，增加至310人！University of Texas at Dallas有大約兩百人，University of Houston則有一百五十人。

女兒一名因為參加田徑隊拿到Johns Hopkins入學許可的同學，雖然有高達四萬美金的獎學金，但得自付每年兩萬五，最後還是放棄。也許父母和學生可以選擇貸款，但揹著四年下來十萬美金的學貸，壓力會有多大？寒暑假以及上學期間也許都得打工，如此的大學生活值得嗎？

如果孩子肯上進，到哪裡都能出色。

教養便利貼

　　美國名校錄取方式的內幕複雜，父母是富裕校友、親戚有政商關係，能給學校大筆資助……講明白點，便是不需要學校給獎學金，因為學校希望保持上流社會的優越傳統。

更令人訝異的是：美國名校大學有所謂「竹編的天花板」一說（Bamboo Ceiling）！

2006年，一名四歲從大陸來的學生，SAT等各類成績都拿滿分，申請Princeton被拒，於是根據Princeton校方對亞裔學生有歧視的報告，對美國教育部提出民權訴訟Civil Right complaint。之後，陸續引發2008年及2011年，三名印度學生對哈佛、Princeton及Yale的控告效應，調查雖然證實對亞裔學生有歧視，尤其對收入不高、父母非校友、家境財力背景不夠雄厚的亞裔有歧視，但美國教育部能做的，只有不給這些長春藤盟校聯邦補助，這些學校在乎嗎？不會。他們在乎的是學校能否能繼續維持居於優越上流社會的傳統？只要民間富豪繼續捐款，一點點聯邦制裁算得了什麼！

那麼，哪所名校不會歧視亞裔學生呢？答案是柏克萊。UC-Berkely百分之四十是亞裔、百分之二十九是白人、百分之十是國際生。其他加州系統的學校幾乎都有超過百分之三十是亞裔學生，只是這些學校給的獎學金有限，而且以州內學生為優先考量。

寫到這裡，我必須承認：來美國超過二十年，從來沒感覺被歧視，兩個女兒在學校一直以來都受到非常公平的對待，壓根沒想到美國這個人人稱為可以做「美國夢」的天堂，其實有著一片不可公開的「竹編天花板」，限制亞裔能跳躍的高度！

申請大學就像交男女朋友，為什麼要巴著看不起你的富家子弟呢？

Part 7

慶祝畢業

美國是孩子的天堂，十八歲是父母能寵溺孩子最後的機會了！小至畢業照、畢業服、大至刻有畢業年份要價四五百美金的班戒、邀請同學親友去大飯店的畢業宴會、最後是學校主辦必須盛裝參加的畢業舞會……搞得比大學畢業還隆重，真是個很不同的文化！

27.美國的高中畢業舞會

　　據說美國孩子從前能從高中畢業是件了不起的大事，加上老美早熟，所以這段盛放的黃金十八歲，就是父母能幫孩子大肆慶祝的最後一個機會了！小至畢業照、畢業服、大至刻有畢業年份要價四

盛裝參加高中畢業舞會

五百美金的班戒、邀請同學親友去大飯店的畢業宴會、最後是學校主辦必須盛裝參加的畢業舞會……都大大考驗著父母荷包的能耐！有趣的是，這些寵愛孩子的花招，在孩子大學畢業或是研究所，甚至拿到博士學位居然就消聲匿跡，頂多在自家請請親朋好友。

「因為念大學都離家很遠，父母還不一定能參加畢業典禮；至於研究所，很多人那時都結婚了，已經不是小孩啦，想慶祝只會找自己的朋友上酒吧大喝一場啊！」老公如是說。

真是個很不同的文化。

我家亦黃亦白，但對於兩個女兒的教養方式，套句老美的諺語，我完全是家裡那個"穿長褲的人"，享有獨裁霸權，可以決定一切大小事。

大女兒的畢業照因為無人諮詢，傻傻付了六十美金買三張不甚滿意的三乘五照片，最後還是自己用傻瓜相機在自家後院拍了許多張能送同學的畢業照。我於是跟小女兒宣布，等妳高中畢業，我們也是自己拍就好了吧。

畢業服呢？學校今年改成只能租不能買的方式，五十美元租金貴的嚇人，可是不能不穿，真是很搞不懂高中畢業又沒學位，戴方帽從何說起啊？

鑲寶石、鑽石的班戒？「抱歉，媽媽不覺得妳需要，如果妳想花自己的零用錢就買吧！」小孩其實很實際，講到自己的零用錢都會精明起來，當然就省去啦！

畢業宴會呢？我一向很討厭寄邀請卡要求客人包禮金的請客方式，炸的又全是老公的親戚；雖然可以只請同學，而且據說一起畢業的同學可以免送禮，可是女兒說大概有四五個同學會請客吧，大家其實這樣就聚了四五次了，沒必要自己再加一次。嗚呼善哉！真是個超體貼的孩子。

　　所以，最後就剩下學校辦的畢業舞會了。

　　「我以前沒參加，因為太貴了啊！要租禮服、還要邀女伴、幫女生出錢。」老公說。

　　沒錯，禮服一定要有，但是現在聽說男生不必穿燕尾服，只需要有跟女伴搭配的西裝小背心或領帶就好。不過還是得買綁手腕上的花給女伴，搭配西裝上的胸花。舞會前的晚餐也不需要蓮花禮車啦，但至少要有車接送。有同學跟老祖父借了輛據說價值五十萬美金的古董車！

　　舞會晚上八點開始，許多同學下午四點就受邀至有大房子的同學家先拍合照，同學父母請了攝影師，其他家長順道跟拍。

　　女兒去年就用自己實習賺的錢買了換季打折的禮服，她很有主見，堅持買短裙，說是自己不夠高，穿長裙不好看，結果大半同學都選長裙，反而顯得女兒更加小家碧玉。今年美髮店幫忙做的髮型，清一色是挽到一側的長捲髮，好多同學碰巧撞型，一旁見習的小女兒說，我以後也想穿長裙、綁這樣的髮型。

　　拍完照後，女兒搭同樣沒舞伴的便車上餐廳，晚餐費用當然是

自己出啦！這時候，有女伴的男生就很慘了，雖然畢業生可以免費參加舞會，也可以免費邀請低年級生當舞伴，但晚餐要幫女伴出，外加專車接送，道地就是第一次正式約會！女兒說，學校都笑傳畢業舞會當天，就是許多男女朋友分手的那一天！其實話說回來，這些費用可能都是男方父母出的吧？要不，就全是男生辛苦打工存來的私囊，要小孩願意慷慨付錢，絕對是愛到無怨尤囉！

至於舞會場地，每個學校會依經費多寡租借能容納至少兩百人的大廳，女兒學校每年都租一個從前屬於軍事基地的訓練中心，聽

老祖父特地借古董車給孫子參加舞會

說有警衛檢查證件，因為高中生依法不能喝酒，所以舞會應該很安全。

舞會十一點結束，女兒事先便跟我說，結束後會去同學家過夜。起先我以為是"某個"同學家，後來才知道幾個有車階級的高中生，先載同學晃到第一個同學家，待到半夜一點；然後全部同學又轉去另一個同學家玩牌到三點；再轉去第三個同學家看電影、吃宵夜，到凌晨六點才睡！

教養便利貼

　　美國不只高中有畢業舞會，小學、中學畢業、甚至每一年結業或開學都有舞會；所不同的是，除了高中舞會之外，其他都在校內體育館舉行。雖然也能邀舞伴，但沒舞伴也能參加，

　　女兒去過幾次都是幾個要好女同學相約跳舞聊天，像是盛裝的同學會，的確是學生生涯中美麗的回憶；而且由於是學校主辦，有老師和警察坐鎮。

　　同學都念住家學區，平時上下學乘校車，放學就回家，沒有住校生活，感覺生活反倒單純許多。

28.美國高中畢業照，要買嗎？

　　在美國收過喜帖的人，應該都記得打開第一個信封後，裡面是更美的、刻著純白心印、沒有郵戳、只寫上你的名字的第二個信封，信封裡的素白請卡上印著燙金草體英文……請卡裡還有第三個

自己拍畢業紀念冊上的藝術照

同款式的小信封，裡面是一張卡片，請你回覆參加與否，信封當然是附了回郵啦！

好隆重喔！不過，結婚是人生大事，這也只是婚禮儀式中的一個超小環節，不管是父母或新人自己買單，都很難下定決心背離潮流、捨棄體面吧？

還有其他場合會收到這種厚信封嗎？升官啦、孩子滿月啦、新屋入厝啦……這些舉凡類似我們需要辦流水席宴客的場合，老外都會以套了三層的請帖邀請。不過，還有一種讓人傻眼的慶祝趴踢喔，那就是孩子的高中畢業典禮。

我沒寫錯，是高中畢業，不是大學或研究所博士班畢業。對老美來說，大學以上就不算孩子了，想慶祝自己想辦法吧，老爸老媽不用負責；但是高中畢業？算是成年前最後一次當小孩，最後一次有藉口可以揮霍父母的資源，不但父母、祖父母、所有親戚都請，同學和父母的同事們也請，來者都得送禮物或禮金，資本雄厚的爸媽也許送車，就算送不起車，也會送一顆畢業戒－刻著畢業學校和年份、鑲著孩子自選的寶石，要價至少三百美金的大戒指！

「為什麼你們老美這麼重視高中畢業呢？」

「那是老習俗，因為從前能從高中畢業就算很了不起了，而且多數人不會繼續升學，高中算是最後的讀書生涯，以後就是得入社會、完全自理的大人啦！」

原來如此，雖說入境隨俗，但時代變遷，這樣的習俗感覺不合

時宜了吧！再婚的好處就是：他的孩子的事我管不著，但我小孩的事可以完全由我做主！

我不願如此無厘頭寵小孩，老公也無法插手，所以我早早就跟女兒們聲明：高中畢業不會幫妳們辦慶祝會，也不會送妳們大戒指，但外婆從前送我的樸素金戒倒是可以傳給妳們。

雖然義正嚴詞，但每個父母說這番話時應該還是會有一絲絲歉疚吧？尤其當女兒們看見外子的兒子們手上都戴著高中畢業戒時。

「今年媽媽會讓妳買畢業紀念冊。」美國學校年年都有印著全

和女兒合照

校學生的所謂"年冊"year book，誘惑學生每年都買，在我家，當然只在畢業那年可以買。

「沒關係，媽媽，我今年有賺錢，可以自己出。」說的是暑假賺的，相當於台幣十一萬的實習薪水！

「那媽媽出畢業照的錢好了！」

「我想去拍，但還沒決定要買。」

通常學校每年有得標的攝影工作室會來學校拍照，作為當年做年冊用的團體和個人照，學生也能另外購買各種呎吋的獨照或合照，不過價格驚人，我買了一次後，就不再奉獻，自己拍的比那種沙龍照自然多了啦！而且現在哪時興送照片呢？電子檔都多到不想看了！

只是，當媽的愧疚感又來了：「高中畢業就買一次吧。」即使女兒被我教得超級體諒。

畢業班在年冊裡比其他年級多出好幾頁，男生需要穿西裝，女生則是半身露肩禮服的照片，所以得自行到學校洽談好的工作室拍，通常在升十二年級前的暑假，需要一小時，自己準備三套衣服，自己化妝、整理髮型。

工作室有各色披肩讓女兒選拍半身露肩的照片，淡藍是女兒最愛的顏色，助理幫女兒補妝後，我正要離開，攝影師很親切的說我可以留下來看，我當然求之不得啦！當場拿著相機在攝影師背後拍攝影棚。

畢業紀念冊規定要穿的露肩禮服照，原來只是手抓披肩拍攝而

成；女兒另外自己選的兩套都是家常便服，小女兒在旁邊幫忙拉背景。

後來上網看成品後才發現，可以選工作室提供的畢業服耶！

「畢業服看起來好醜，我不想選。」

「可是總要有穿畢業服的照片啊！」原來這小妞早自己做主，不讓我干涉了……

在美國拍沙龍照，有所謂的時段費sitting fee，買攝影師的時間；以及照片費，洗多少張、多大的照片。這家工作室特別宣傳不

專業攝影棚拍畢業照

收時段費，只收最後買照片的費用，感覺很划算，押金四十美元。

　　雖然心裡嘀咕，其實拍得不算滿意，老外拍老中很奇怪，總是喜歡特別挑眼睛瞇起來時拍，亞洲人眼睛是沒老美大啦，但還是能避開瞇瞇眼啊！不過，就當是做個紀念吧。

　　「三乘五一張十六元，那買三張好了，有穿不同的衣服。」自覺很慷慨的我，在網路上付了費。

　　幾天後，卻收到電話：「對不起喔，我們網路上說明不清，每張照片還要加六塊半的修片費，第一張修片就算免費吧！」

　　結果三張三乘五照片最後花了我六十美金！還不包括電子檔！抱歉了小女兒，媽媽被騙一次，等妳高中畢業時，頂多只買兩張送妳了！

教養便利貼

　　美國從小學開始每年都請攝影師到學校拍放在年級紀念冊的照片，但是沒硬性規定家長必須購買，這種照片當然很貴，而且沒辦法像自己拍的那樣花時間又換場景。

　　尤其是高中畢業照，因為孩子可以帶畢業服回家，經濟一點的方法，就是自己拍吧！拍到滿意為止，加洗多大多少張都沒問題。

29.慶祝美國高中畢業

　　雖然不認同從美國高中畢業有啥需要大肆慶祝，但當這畢業主角換成是自己的女兒時，我還是無法免俗地讓女兒參加各式各樣的畢業活動。

高中畢業典禮

大體來說，一連串的畢業慶祝從五月初的畢業舞會開始，畢業生邀舞伴、穿禮服、租禮車、上餐館，然後跳舞至深夜，再到數個同學家串門子，隔天才昏昏沉沉返家……。

　　由於穆斯林教禁止參加舞會，所以一些沒參加畢業舞會的穆斯林同學便在飯店辦桌請客。除了少部分同學被邀請之外，主要賓客是父母的親友，因此便有點像台灣的辦桌一樣，會有來賓致詞。禮物呢？通常是卡片裡付張支票或現金，跟我們的紅包文化非常類似。

家長辦桌開畢業宴會

通常被邀請的同學不多，不到十人，我兩個女兒很榮幸受邀，感覺都是比較保守的孩子。

　　兩個女兒參加第一個穆斯林畢業慶祝會時，穿了短裙小禮服，結果到了飯店才發現，超級尷尬！原來穆斯林不能穿裸露雙腿的服裝！所以隔天另一個穆斯林畢業慶祝會時，同學很貼心地借了大女兒一件傳統服裝和另一件全黑的內搭連身裙，以防輕薄的外衣走光。小女兒呢？只好隨便找了件長裙充場，裡面還得加穿緊身褲。宴會都是晚餐，不到十點就結束回家了。

和珣珣合影於畢業典禮會場

接下來陸續收到其他美國同學在家辦的趴踢請帖，有的很搞工，特別請人印刷，其他多半是買現成邀請卡。

美國趴踢當然就比較隨興，採自助餐形式，餐點也很簡單：披薩、熱狗、洋芋片、可樂，就打發了！大人親友們聚一角，小孩分散四處玩室內室外遊戲。有一種可以讓人進去撲走前進，類似黃金鼠玩的塑膠大球，是現今趴踢最熱門的Human Hamster Ball，可以跟辦趴踢公司租，同學兩兩捉對比賽，看誰滾得比較快。沒運動細胞的女兒當然是第一局就敗出了，而且聽說在球裡滾得頭昏眼花，最後是靠同學幫忙，推完全程。

本來不想辦慶祝會的我，還是請了凱的家人來意思意思一下，順便慶祝小女兒生日和歡送凱兒子的女友回國，不過我們很客氣地註明不用送禮。

玩什麼呢？一種很好接的黏板球（sticky balls）、擲馬蹄（horse shoes）、和階梯球（ladder balls）。

畢業典禮前一個禮拜，學校有個頒獎儀式，頒給獎學金、獎牌、獎狀、綵巾（sash）和榮譽絲繩（honor cords）。

另外有兩場畢業典禮，第一場叫做Baccalaureate service，在學校禮堂。主要是教會給畢業生的祝福儀式；以學校的管絃樂開場，然後是幾位牧師致詞；穆斯林教還請了一位穆斯林畢業生代表致詞，不過，沒有佛教代表。

典禮結束，居然有大餐，就像參加完教會禮拜一樣很豐盛，我

們完全不知情，在家吃完晚餐才去，看著好幾桌的美食完全沒胃口，只吃了一個漂亮的杯蛋糕。

第二場才是正式畢業典禮，選在馬里蘭劇院舉行，不清楚各校選擇場地的理由，從前外子的兒子畢業選的是社區大學禮堂。

因為學校已經頒過獎了，所以正式畢業典禮不到兩小時：音樂、特別來賓致詞、第一二名畢業生致詞、領畢業證書、家長上前獻花送小禮物……當然囉，家境富裕的孩子，可能會收到特別大禮，比方新車！高中畢業也代表即將成年，已經算大人，可以投票了。

教養便利貼

美國高中畢業如此盛重的原因，據校方說法，是因為大約有三分之一的高中生，由於學費太高或選擇學點技術，而不繼續升學，所以高中不但是美國義務教育的最後一年，也是許多孩子學業生涯的頂點，最後的校園回憶。

慶祝活動這麼多，如何取捨、不慣壞孩子，就是考驗父母的智慧啦！

30.最美的信

「網上遞件後，請給我一封電郵，我會將妳女兒的申請以個案加速處理。」

這家一年前想都沒想過女兒會去的學校，奧克拉荷馬大學，的確在三月底我們登記後，給了女兒許多專屬優惠：五年學費全免，提早畢業的話可以挪到研究所用、四年每年五千五獎學金、五千特別給National Merit Scholars的獎學金、第一年住宿費四千二補助、兩千元買電腦或書本等各種雜費，以及兩千元海外留學獎學金。

第一年除了機票，我們大概都不需出資，但第二年以後得自付一些住宿費。那麼，怎樣能讓女兒忘記名校、開心的去上這所大學，就是我們最大的目標了。

凱是行動派，在我跟女兒都還盪在谷底的時候，每天都跟我們報告他的發現：

「妳知道OU（University of Oklahoma，奧克拉荷馬大學的簡稱）的mascots（吉祥物）是兩批馬喔！叫做Boomer and Sooner。」吉祥物在台灣的大學好像沒有吧？剛來美國時根本不認識這個字，對我這種不懂球類運動的宅女來說，球類比賽前穿動

物裝出場有啥稀奇呢？

「是真的養了兩批馬耶！」喔，那又怎樣？凱總以為，美國小女孩對馬情有獨鍾，對我家女兒應該也是吧？結果牽牽只是微笑了一下。

「居然是全美前十大有學生當選Rhodes Scholars的學校耶！」

「那是什麼？」牽牽轉頭問，這顯然對她比較有吸引力。

「那是一個國際獎學金，提供全額獎學金去英國牛津大學念研究所，最有名的得獎人是柯林頓！」

送牽牽去機場

「喔。」這太難了吧？女兒又洩了氣。

「為了提升排名，OU是公立學校裡面收最多 National Merit Scholars的喔！每年都有將近兩百人！」

「喔。」好可憐，這些都是因為念不起其他大學而選擇OU全額獎學金的窮學生嗎？不過，也許這樣比較不會跟同學感覺生活在不同世界裡，而格格不入吧？大家的身家背景比較相當啊。

「學校有專屬宿舍給National Merit的學生喔，每棟宿舍還安排一位教授一起住，提供就近諮詢耶！」

「喔。」這的確很特別。

學校呢？則不斷寄邀情函，提供參觀校園的免費住宿，還有夏令營能參加。

「我不能去，我得去NIH打工。」

「那沒關係，可以優先電話註冊，妳什麼時候有空呢？」原來，National Merit Scholars選課有優先權，甚至可以在老生和研究生之前選課，確定想上的課絕對不會額滿，而且還有專門的老師在電話裡諮詢任何選課問題，六月初就能選好課。

「可是我還沒決定要去念啊！」女兒終於說出心裡的話。

是的，還有兩所學校給她備取，但是得等到五月一日以後，正取生決定要不要去，學校才能統計出還有幾個空缺可以給備取生。但是，學校也說了，請別抱太大希望，建議先去其他學校登記。

「可是，學校也說，我可以寫信請他們考慮正取我，我想寫

信。」平常要女兒寫文章或信，總是拖拖拉拉，最後草草了事，這次居然主動想寫！

「我這兩天就會寫好，昨天晚上已經在心裡打好草稿了，媽媽，可是我寫好不想給你們看。」

「為什麼？」這大概是第一次女兒把我排除在外吧！

「因為我會提到叔叔。」

「那是他不能看啊，為什麼我也不能？」

「嗯，好吧，妳可以看。」哈！我就知道這女兒拿我沒轍！只要一點點人情攻勢，或者說多問一次，就能讓她投降。那時才四月初，剛被長春藤盟校拒絕的時候，Johns Hopkins和Washington University in St. Louis給她備取，女兒這封信給的是Washington University in St. Louis，凱的母校，那所凱口中多好多好、多美的學校。憑良心說，雖然是繼父，但兩個女兒都很看重凱的意見，比我說話還有影響力！

好吧，來洩漏一下女兒的作文能力。牽牽喜歡理工，之前參加那些拼字、地裡競賽，是因為她記性好，平常除了看小說，並不喜歡文史，尤其討厭作文，寫出來的文章都很簡短直接，像回答簡答題一樣，或是很明顯的起承轉合，第一段和最後一段幾乎一模一樣，「要說的都說完了啊！」她總是如此埋怨。

「寫好了嗎？」兩天後我問。

「本來寫超過三頁，拉拉雜雜把想說的話說完，心裡舒服點

了，可是，我想學校不會想看這麼長的信吧？所以刪成兩頁。」

「沒抱怨或酸葡萄吧？」

「不算有啦，給妳看吧！」

女兒進了自己的房間，我則很好奇的拿著信。原本背靠椅背，看完第一句，放下信，左手撐著椅子扶手坐直，最後兩手交握，頂著下顎……我掉下淚來，這是我看過最美的一封信！

我走進女兒房間：「叔叔不能看嗎？我覺得妳寫的很棒，我都哭了！」

「真的嗎？謝謝！好吧，他可以看，我只是怕你們笑我，妳幫我拿給叔叔吧！我怕他不喜歡……」

凱看信的速度比我快多了，只見他低頭看完信，抬頭問我 "Since when can she write?"

我看見他眼裡的淚光。

===

Ladies and Gentlemen:

I know you receive thousands of formulaic letters from wait-listed applicants so I will spare you yet another one and simply tell you why I want to go to Washington University in St. Louis.

My stepfather went there.

When my sister and I were little he regaled us with tales of Wash U., about how rigorous the classes were, how intelligent the other students were, how beautiful the campus was, and on and on. He always told me how I would fit in perfectly with all the other slightly geeky students. Listening eagerly, I drank up all his stories and vowed to myself that I would go to Wash U. someday too.

When I was in middle school, I wanted to become a lawyer just like him. He is funny and smart, driven and determined, ambitious and hardworking; in short, the best role model I could have asked for. As I grew up, I was drawn toward science and away from law, but the motivation to learn and work hard remained. Because of him, while still in middle school, I studied geography for the county geography bee (I won), and spelling for the National Spelling Bee (I did not make it past the semifinals). In high school I studied Spanish on my own with his help and skipped two years of classes (I scored 5 on the AP exam), and, most recently, began studying German outside of school because of the abundance of scientific articles written in German (this is still a work in progress). His own drive is evident in everything he has done, from working his way through law school to repairing our house on the weekends after working grueling overtime hours at his law office to finding time to watch movies and laugh with us no matter how busy he is.

He does all of this while undergoing treatment for Stage IV cancer.

He has been battling the disease for four years and has not once given up. No matter how much his back pains him or how tired and drained he feels from taking four different medications a day, he always finds time to crack jokes, complain about constantly driving me places, toil on our infinitely problematic house, and quiz me on German verb conjugations.

I am not the best writer. I am not an athlete. I will never become a concert pianist or play the flute in a symphony orchestra. I am most definitely not the next Picasso. I am shy and tend to clam up in interviews. I have the worst handwriting of any girl in my class, and I cannot drive a car to save my life. I am impatient and impulsive and talk too fast and fidget and laugh too loud and too often and have much too short of a fuse. Even if you accept me, not only will my family be unable to make big donations, I will need substantial financial aid.

But I am strong like him. I will never give up. Because I am driven and determined and passionate and talented and hardworking and ambitious, I will try and try and try again. I am Thomas Edison sifting through thousands of materials to find the perfect light bulb filament. I will throw myself against the iron door until it breaks because I will not shatter before it does. Wherever I go, I know I will bring this fiery passion, this stony determination to bear. I want to set the world on fire. I want to make sure everybody knows my name.

Before you toss my letter in the trash can with the thousands of other wait-list letters, I want you to see me. See me not just as a walking assortment of grades and test scores, extracurricular activities and predictable essays, but as a unique person who very much wants to study biology at Wash U.

Whatever happens, I have no one to blame but myself. Maybe this letter is crazy, the outstretched arm of a dying soldier bleeding from a bullet to the gut. Maybe this letter will not influence you at all; maybe it will merely prove why I should not be admitted.

But I have to try.

==

有這樣的女兒，人生何嘆？如果這封信改變不了無法進名校的事實，我們心裡只有欣慰，沒有後悔，相信命運自會做好最棒的安排。

七月中，女兒收到備取學校的拒絕信，也好，省去我們為學費操心。

「歡迎妳即將成為OU新生，內附學長姐聯絡名單，有問題不用客氣！八月三十橄欖球賽開場時，請穿附贈的T恤進場接受表揚；另外，請從下列三本書選一本，OU將免費贈送，祝妳暑假愉快！」

這是一所不斷帶給我們驚喜的學校！祝女兒高中畢業快樂，大學新生活快樂！

牽牽自己搭機上大學

教養便利貼

說實在的，每次看這封信，都會喚起我心頭之痛，總是為女兒抱屈。寄去的信完全沒回音，也許學校根本沒看，對思想單純誠懇寫信的孩子來說，多不公平！如果學校辦學只從商業角度出發，又怎能期望長大的孩子對社會保有良善之心呢？

當然，這不是我會對女兒說的話；我的孩子，我仍希望她永保赤子之心，永遠對未來充滿希望。

秀威經典　　　　　　　　　　　　　　　新視野18　PE0102

美國高中在教什麼？
——30堂多元課程教學真體驗

作　　者／江秀雪
責任編輯／林千惠
圖文排版／楊家齊
封面設計／蔡瑋筠

出版策劃／秀威經典
發 行 人／宋政坤
法律顧問／毛國樑　律師
印製發行／秀威資訊科技股份有限公司
　　　　　114台北市內湖區瑞光路76巷65號1樓
　　　　　電話：+886-2-2796-3638　傳真：+886-2-2796-1377
　　　　　http://www.showwe.com.tw
劃撥帳號／19563868　戶名：秀威資訊科技股份有限公司
　　　　　讀者服務信箱：service@showwe.com.tw
展售門市／國家書店（松江門市）
　　　　　104台北市中山區松江路209號1樓
　　　　　電話：+886-2-2518-0207　傳真：+886-2-2518-0778
網路訂購／秀威網路書店：http://www.bodbooks.com.tw
　　　　　國家網路書店：http://www.govbooks.com.tw

2016年4月　BOD一版
定價：260元
版權所有　翻印必究
本書如有缺頁、破損或裝訂錯誤，請寄回更換

國家圖書館出版品預行編目

美國高中在教什麼?:30堂多元課程教學真體驗 / 江秀雪著.
-- 一版. -- 臺北市:秀威經典, 2016.04
　　面; 公分
BOD版
ISBN 978-986-92498-5-0(平裝)

　1.中等教育　2.美國

524.952　　　　　　　　　　　　　　　　105001942

讀 者 回 函 卡

感謝您購買本書，為提升服務品質，請填妥以下資料，將讀者回函卡直接寄回或傳真本公司，收到您的寶貴意見後，我們會收藏記錄及檢討，謝謝！如您需要了解本公司最新出版書目、購書優惠或企劃活動，歡迎您上網查詢或下載相關資料：http:// www.showwe.com.tw

您購買的書名：_____

出生日期：_____年_____月_____日

學歷：□高中 (含) 以下　　□大專　　□研究所 (含) 以上

職業：□製造業　□金融業　□資訊業　□軍警　□傳播業　□自由業
　　　□服務業　□公務員　□教職　　□學生　□家管　□其它_____

購書地點：□網路書店　□實體書店　□書展　□郵購　□贈閱　□其他

您從何得知本書的消息？

　□網路書店　□實體書店　□網路搜尋　□電子報　□書訊　□雜誌
　□傳播媒體　□親友推薦　□網站推薦　□部落格　□其他_____

您對本書的評價：(請填代號　1.非常滿意　2.滿意　3.尚可　4.再改進)

　封面設計____　版面編排____　內容____　文／譯筆____　價格____

讀完書後您覺得：

　□很有收穫　□有收穫　□收穫不多　□沒收穫

對我們的建議：_____

_____

_____

_____

11466
台北市內湖區瑞光路 76 巷 65 號 1 樓

秀威資訊科技股份有限公司 收

BOD 數位出版事業部

....

（請沿線對折寄回，謝謝！）

姓　　名：＿＿＿＿＿＿＿＿＿　年齡：＿＿＿＿　性別：□女　□男

郵遞區號：□□□□□

地　　址：＿＿＿＿＿＿＿＿＿＿＿＿＿＿＿＿＿＿＿＿＿

聯絡電話：(日) ＿＿＿＿＿＿＿＿＿　(夜) ＿＿＿＿＿＿＿＿＿

E-mail：＿＿＿＿＿＿＿＿＿＿＿＿＿＿＿＿＿＿＿＿＿